엄빠 코딩

엄마 아빠와 함께하는 난생 처음 코딩

스크래치 주니어

정덕현·최성일 저

엄마 아빠와 함께하는 난생 처음 코딩
: 스크래치 주니어

| 만든 사람들 |
기획 IT·CG기획부 | **진행** 양종엽·장진영 | **집필** 정덕현·최성일
편집·표지디자인 D.J.I books design studio

| 책 내용 문의 |
도서 내용에 대해 궁금한 사항이 있으시면
저자의 홈페이지나 디지털북스 홈페이지의 게시판을 통해서 해결하실 수 있습니다.
디지털북스 홈페이지 www.digitalbooks.co.kr
디지털북스 페이스북 www.facebook.com/ithinkbook
디지털북스 카페 cafe.naver.com/digitalbooks1999
디지털북스 이메일 digital@digitalbooks.co.kr
저자 이메일 정덕현 dhggg0410@naver.com, 최성일 sichoi99@sedulab.org

| 각종 문의 |
영업관련 hi@digitalbooks.co.kr
기획관련 digital@digitalbooks.co.kr
전화번호 (02) 447-3157~8

※ 잘못된 책은 구입하신 서점에서 교환해 드립니다.
※ 이 책의 일부 혹은 전체 내용에 대한 무단 복사, 복제, 전재는 저작권법에 저촉됩니다.

머리말

'2015 개정 교육과정'을 통해 초중등 교육과정에 소프트웨어 교육이 의무화되었습니다. 2018년부터는 중학교에서, 2019년부터는 초등학교에서 소프트웨어 교육이 시작됩니다. 이와 관련된 기사가 연일 쏟아지고 있지만 정작 학교 현장과 학부모들은 혼란스럽기만 합니다. 우리 아이의 소프트웨어 교육을 어떻게, 무엇으로 시작해야 될지에 대한 명쾌한 해답을 찾기 어렵기 때문입니다.

소프트웨어 교육을 처음 시작하는 학생들에게 스크래치 주니어를 적극 추천합니다. 스크래치 주니어는 가장 쉽고 재미있게 소프트웨어 교육을 시작할 수 있는 도구입니다. 아직 소프트웨어 교육을 접해보지 않은 미취학 아동이나 초등학교 저학년 학생들도 충분히 따라하고 배울 수 있도록 만들어졌습니다. 퍼즐을 맞추듯 블록을 결합하면서 귀여운 캐릭터를 움직이는 놀이를 통해 자연스럽게 소프트웨어 교육을 시작할 수 있습니다.

이 책은 소프트웨어 교육을 처음 시작하는 우리 아이와 학부모들을 스크래치 주니어의 세계로 안내하기 위해 만들어졌습니다. 소프트웨어 교육을 잘 몰라도, 컴퓨터 활용에 익숙하지 않아도 스크래치 주니어를 쉽게 배워갈 수 있습니다. 우리 아이들도 엄마, 아빠와 함께 이 책을 차근차근 따라하다 보면 어느새 능숙하게 스크래치 주니어를 다루게 될 것입니다.

늘 새로운 세계에 발을 들여놓는 일은 의문과 혼란, 두려움을 가지게 합니다. 소프트웨어 교육을 처음 시작하는 것 또한 많은 어려움을 느끼게 할 것입니다. 이 책이 여러분이 겪게 될 어려움을 조금이나마 덜어 드리고 스크래치 주니어를 재미있게 즐기는 데 도움이 될 수 있기를 바랍니다.

저자 일동

목차

| INTRO | 스크래치 주니어 시작하기 | 8 |

CHAPTER 01

UNIT 01	학교에 갈 준비를 해요	18
UNIT 02	스쿨버스를 타요	30
UNIT 03	교실에 도착했어요	42
UNIT 04	달리기 시합을 해요	54

CHAPTER 02

UNIT 05	친구들과 생일파티를 해요	68
UNIT 06	친구와 공놀이를 해요	80
UNIT 07	수족관에 놀러 가요	92

CHAPTER 03

UNIT 08	술래잡기 놀이를 해요	106
UNIT 09	동물원에 놀러 가요	120
UNIT 10	사계절을 관찰해요	134

CHAPTER 04

UNIT 11	별똥별이 떨어져요	152
UNIT 12	성을 공격해요	166
UNIT 13	숨은 그림 찾기를 해요	178

EXTRA

블록 찾아보기   192

스크래치 주니어가 궁금해요

스크래치 주니어란?

우리가 컴퓨터를 배운다고 하면 어떤 생각이 드나요? 누군가가 만들어놓은 프로그램의 사용법을 배워서 잘 활용하는 것이라고 생각하나요? 컴퓨터 활용 능력도 물론 중요해요. 하지만 앞으로의 사회에서 더 중요한 능력은 창의성과 논리적 사고력이랍니다.

이제 프로그램을 배우는 데 시간과 노력을 들이기보다, 프로그램을 만드는 일에 도전하세요. 스크래치 주니어는 우리가 원하는 프로그램을 만들 수 있도록 도와줘요. 이제 스크래치 주니어를 활용해서 여러분이 원하는 프로그램을 직접 만들어보세요.

코딩이란?

친구와 대화를 하기 위해서는 '말'이 필요해요. 하지만 우리가 컴퓨터와 대화하기 위해서는 어떻게 해야 할까요? 컴퓨터가 알아들을 수 있는 말이 필요해요. 스크래치 주니어에서는 '블록'을 통해 컴퓨터와 대화할 수 있어요.

여러 가지 블록을 연결해서 컴퓨터에게 전달하면, 컴퓨터가 이 연결된 블록에 따라 움직이게 돼요. 이렇게 컴퓨터에게 말을 전달하기 위해 블록을 연결하는 것을 '코딩'이라고 해요.

코딩을 꼭 배워야 하나요?

코딩을 배우는 것은 컴퓨터가 생각하는 방법을 배우는 것과 같아요. 코딩을 배우는 것은 문제를 해결하기 위해 고민하고, 해결방법을 찾고, 그 방법이 올바른 것인지 논리적으로 생각하는 것과 같아요. 코딩을 통해 문제해결 능력과 논리적 사고력, 창의력 등을 길러갈 수 있어요.

컴퓨터를 잘 모르는데 어렵지 않을까요?

스크래치 주니어는 5세~9세 정도의 어린 학생들이 코딩을 배울 수 있도록 도와줘요. 쉽고 재미있게 만들어져 있어서 누구나 쉽게 시작할 수 있어요. 이 책의 앞에서부터 하나하나 따라하다 보면 어느새 멋진 작품이 하나씩 만들어질 거예요. 우리 함께 시작해볼까요?

 # 스크래치 주니어 설치하기

스크래치 주니어는 아이패드, 갤럭시 탭 등 태블릿 PC에서 사용하도록 만들어졌어요. 태블릿 PC가 없다고 너무 걱정하지는 말아요. 데스크탑과 노트북에서도 사용할 수 있는 방법이 있어요. 우리는 먼저 태블릿 PC에서 사용하는 방법을 알아봐요.

1. 태블릿 PC에 스크래치 주니어 설치하기

모든 태블릿 PC에 스크래치 주니어를 설치할 수 있는 것은 아니에요. 태블릿 PC에서 스크래치 주니어를 설치하기 위해서는 다음의 사용환경을 갖추고 있어야 해요.

- iOS 7.0 이상의 아이패드
- 화면 사이즈가 7인치 이상이고 안드로이드 4.2(Jelly Bean) 이상인 태블릿

❶ 아이패드를 사용하고 있다면 앱 스토어에서, 안드로이드 태블릿 PC라면 구글 플레이 스토어에서 '스크래치 주니어'를 검색해요.('ScratchJR'를 검색해도 돼요.)

❷ '스크래치 주니어(ScratchJR)' 앱을 찾아 클릭하고 다운로드 받으세요.

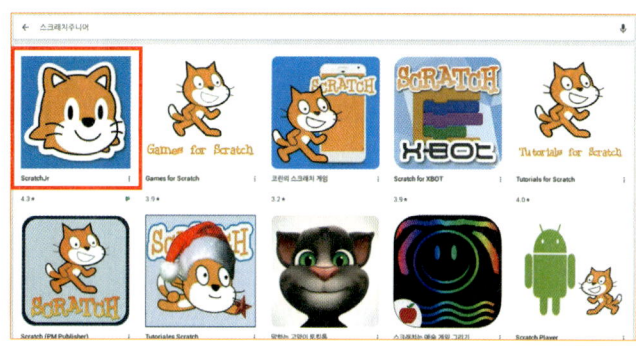

❸ 다운로드가 완료되면 '열기' 버튼을 클릭해 스크래치 주니어를 시작해요.

2. 데스크탑, 노트북에 스크래치 주니어 설치하기

태블릿 PC가 없어도 데스크탑이나 노트북에 스크래치 주니어를 설치할 수 있어요.
하지만 일반 컴퓨터에서 안드로이드 기능을 사용할 수 있는 별도의 프로그램 설치가 필요해요.

❶ 인터넷 주소창에 http://www.andyroid.net/ 을 입력하세요.
❷ 앤디(Andy) 홈페이지에 접속한 후 DOWNLOAD를 클릭해 프로그램을 설치해요.

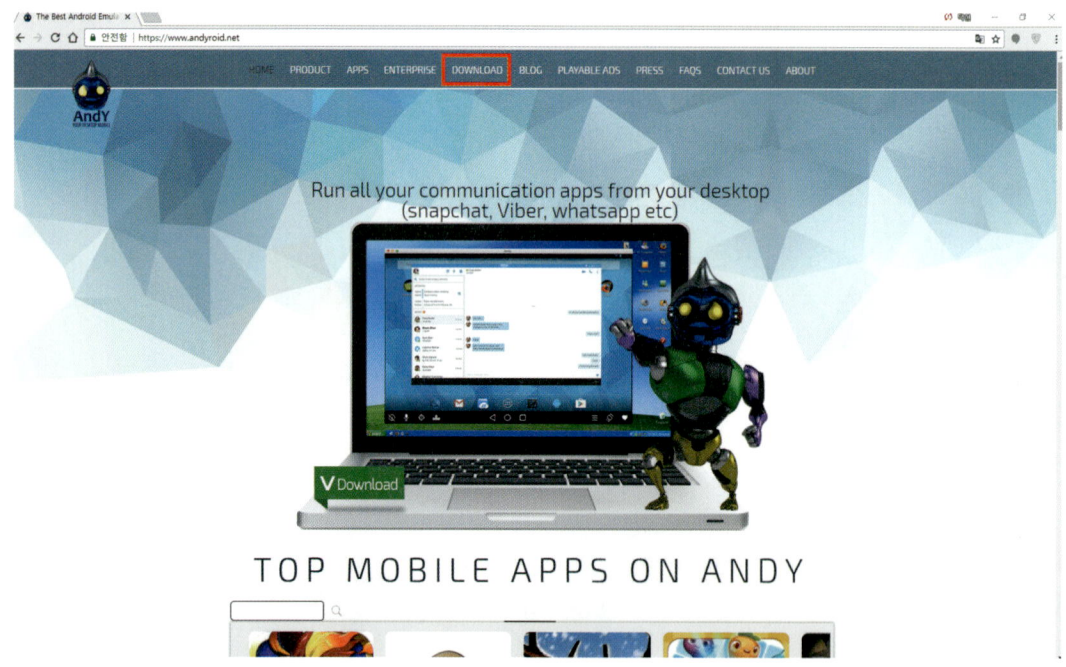

❸ 앤디(Andy)를 설치한 후 실행하면 안드로이드 태블릿 PC와 동일한 화면이 나타나요. 구글 플레이 스토어에 접속해 스크래치 주니어를 설치하세요.

※ 태블릿 PC가 아닌 앤디(Andy)를 사용해 스크래치 주니어를 실행할 경우 일부 기능이 제대로 작동하지 않을 수 있어요.

간단한 프로젝트 무작정 따라하기

간단한 프로젝트를 만들어 볼까요? 처음이지만 하나씩 따라해봐요. 먼저 스크래치 주니어를 시작해요.

❶ 집 모양의 홈(Home) 버튼을 클릭해요.

❷ ➕ 을 클릭하면 새로운 프로젝트가 시작돼요.

❸ 가운데에는 고양이 캐릭터가 있고, 밑에는 블록들이 놓여 있어요.

❹ 배경을 바꿔보도록 해요. 🖼 을 클릭해요.

❺ 여러 배경이 모여있는 배경저장소가 열렸어요. 마음에 드는 배경을 선택한 후 ✓ 를 클릭하세요.

❻ 멋있는 배경이 추가되었어요.

INTRO · 13

❼ 이제 블록을 연결해봐요. 🟨을 클릭하면 오른쪽에 노란색 블록들이 나타나요. 이 중에서 🏁을 클릭한 후 드래그해서 아래쪽으로 옮겨놓아요.

❽ ➡️을 클릭하면 오른쪽이 하늘색 블록들로 바뀌어요. 🔵을 드래그해 🏁의 오른쪽에 붙여주세요. 두 블록을 가까이 가져가면 자석처럼 착 하고 달라붙어요.

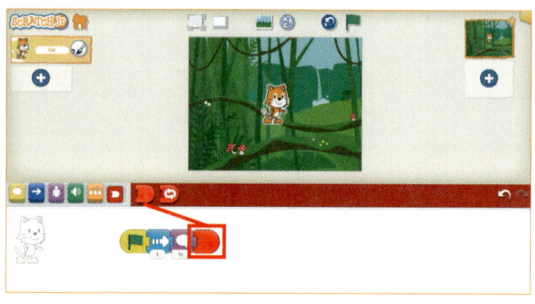

❾ 👤을 클릭하면 오른쪽에 분홍색 블록들이 나타나요. 💬을 드래그해 다음에 연결해요.

❿ 마지막으로 🔴을 클릭하면 오른쪽에 빨간색 블록들이 나타나요. 🛑을 마지막에 연결해요. 이제 블록 연결이 끝났어요.

⓫ 완성된 프로젝트를 실행하기 위해 🏁을 클릭해요.

⓬ 프로젝트가 시작되면 고양이가 오른쪽으로 움직이고 'hi'라고 말하는 것을 볼 수 있어요. 이렇게 여러분의 첫번째 프로젝트가 완성되었습니다.

⑬ 완성된 프로젝트를 저장하기 위해 오른쪽 윗부분의 ▢을 클릭해요.

⑭ 여러분이 원하는 프로젝트 이름을 입력하고 ▢를 클릭하면 저장이 돼요.

이제 스크래치 주니어에 대한 기본적인 소개가 끝났어요. 다음 단원부터는 스크래치 주니어에 대해 좀 더 자세히 알아보고, 더욱 재밌는 프로젝트를 만들어봐요.

Unit 01

학교에 갈 준비를 해요

미션! 침대에서 일어나 학교에 갈 준비를 해요

STEP 1. 결과 미리보기

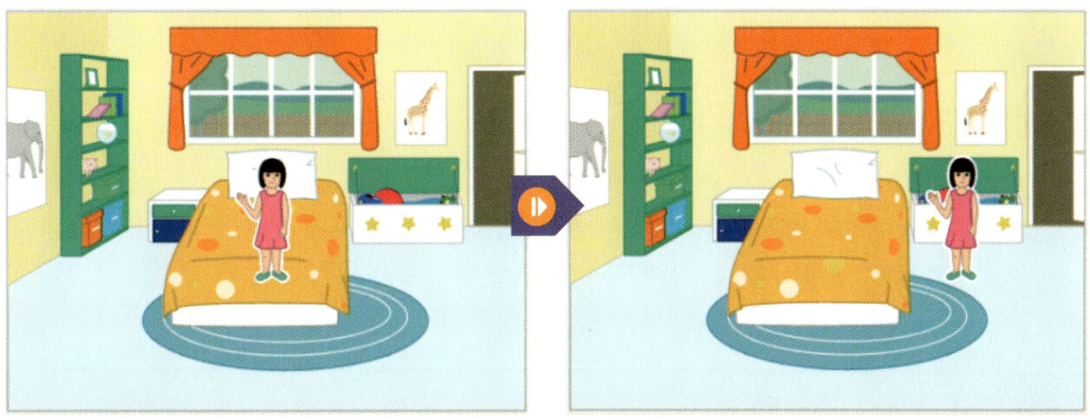

주인공 릴리가 침대 위에 있어요. 벌써 해가 떴어요. 밖이 환해졌어요. 이제 일어나야 해요. 학교에 갈 시간이에요.

프로젝트를 시작해볼까요? 릴리가 오른쪽으로 움직여 침대 밖으로 나왔어요.

프로젝트 : 여러분이 만들게 될 작품을 말해요. 여러분이 작품 하나를 완성할 때마다 하나의 프로젝트를 완성하게 되는 거죠.

STEP 2. 새로운 블록 살펴보기

보라색 블록에 사람 모양이 그려져 있어요. 크기가 점점 줄어드네요. 이 블록을 사용하면 캐릭터의 크기가 줄어들어요. 캐릭터가 너무 크면 이 블록을 사용해 크기를 줄일 수 있어요. 그럼 반대로 더 커지는 블록도 있을까요?

노란색 블록 위에 초록색 깃발이 그려져 있어요. 깃발 버튼을 클릭하면 이 블록이 시작돼요. 스크립트를 시작하는 블록이에요.

하늘색 블록에 오른쪽 방향이 뾰족한 흰색 화살표가 그려져 있어요. 캐릭터가 오른쪽으로 움직이도록 하는 블록이에요. 아래에는 숫자가 써 있어요. 숫자는 무슨 의미일까요? 생각해 보세요.

왼쪽은 오목하고 오른쪽은 둥근 빨간색 블록이에요. 아무 그림도 그려져 있지 않아요. 스크립트를 끝내는 블록이에요.

캐릭터 : 사람부터 동물까지 스크래치에 등장하는 것들이 모두 캐릭터예요. 이번 프로젝트에서는 어떤 캐릭터가 나올까요?

스크립트 : 연결되어 있는 여러 개의 블록 모음이에요. 블록을 어떻게 연결되어 있는지에 따라서 캐릭터의 움직임이 달라져요.

STEP 3. 배경과 캐릭터 준비하기

① 배경 살펴보기

이번 프로젝트에서 사용할 배경은 여러분의 방(Bedroom)이에요. 벽에는 창문이 있고 방 한가운데 침대가 있어요.

② 캐릭터 살펴보기

이번 프로젝트에는 분홍색 원피스를 입은 릴리가 나와요. 릴리가 침대 밖으로 움직일 수 있도록 여러분이 도와주세요.

> 무대와 배경 : 캐릭터가 서 있는 네모난 화면을 무대라고 불러요. 무대에는 다양한 배경이 놓일 수 있어요. 만들고 싶은 프로젝트에 따라 배경을 바꿔보세요.

③ 프로젝트 시작하기

새로운 프로젝트를 만들기 위해 ➕ 을 클릭하세요.

④ 배경 선택하기

배경을 고르기 위해 🖼 을 클릭하세요.

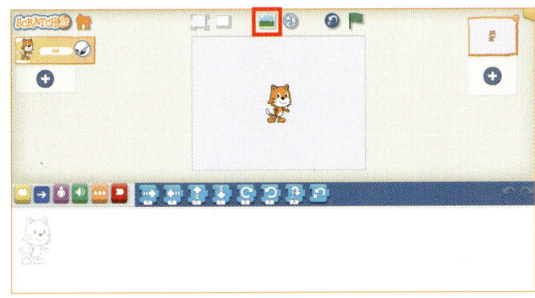

배경 저장소가 열렸어요. 방(Bedroom) 🛏 을 선택하고 ✓ 를 클릭하세요.

❺ 고양이 캐릭터 삭제하기

이번 프로젝트에 고양이는 나오지 않아요. 고양이를 지워주세요. 를 오랫동안 클릭하면 이렇게 변해요. 를 클릭하면 고양이가 지워져요.

❻ 릴리 선택하기

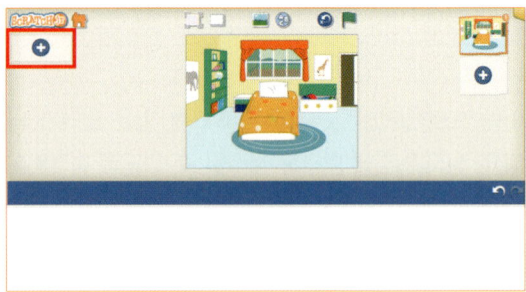

새로운 캐릭터를 추가해요. ➕ 를 클릭하세요.

캐릭터 저장소가 열렸어요.

아래쪽에서 릴리를 찾아 클릭하세요. 를 클릭하세요.

준비가 모두 끝났어요. 이제 코딩할 시간이에요.

코딩 : 우리가 원하는 대로 캐릭터가 움직일 수 있도록 블록을 결합하는 것을 코딩이라고 합니다. 우리가 원하는 것을 코딩을 통해 컴퓨터에게 말하는 것이랍니다.

STEP 4. 코딩하기

1 릴리 크기 줄이기

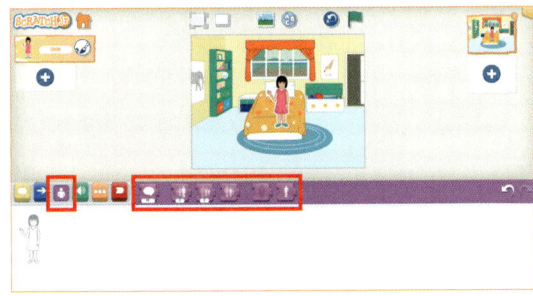 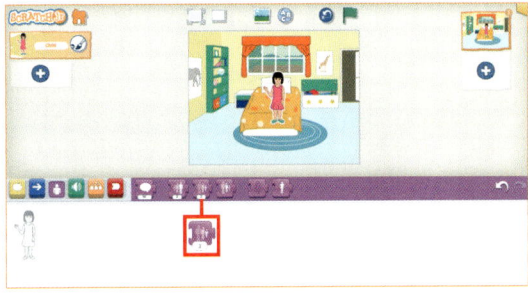

릴리가 너무 커요. 크기를 줄여주세요. 를 클릭하면 오른쪽에 보라색 블록들이 나타나요.

🟪를 클릭해서 아래쪽으로 드래그하세요. 아래쪽에 놓인 🟪를 클릭해보세요. 릴리의 크기가 작아졌어요. 🟪를 다시 위쪽으로 드래그하면 블록이 사라져요.

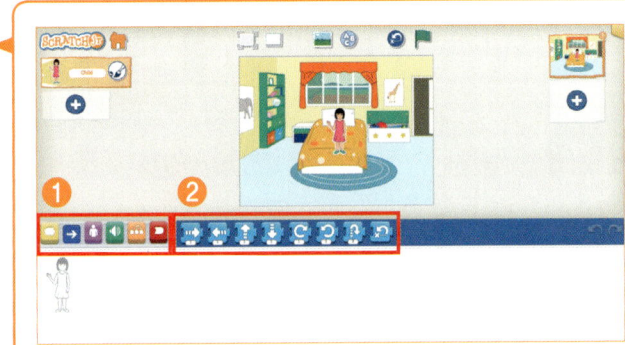

❶은 기능별로 블록을 모아놓은 블록 그룹이에요. ❶에서 블록 그룹을 선택하면 ❷에 해당 그룹의 블록들이 생겨나요. ❶에서 여러 블록 그룹을 차례로 클릭해보면서 ❷가 어떻게 변하는지 살펴보세요.

2 시작블록 준비하기

🟨을 클릭하세요. 오른쪽 블록들이 모두 노란색으로 바뀌었어요. 🚩을 드래그해서 아래쪽으로 옮겨오세요.

③ 이동블록 결합하기

➡ 을 클릭하세요. 🚌 을 아래로 드래그해서 🏁 오른쪽에 연결하세요. 가까이 가져가면 자석처럼 달라붙어요.

🚌 을 몇 개 더 연결해보세요. 모두 5개가 될 때까지 더 연결해봐요.

④ 종료블록 연결하기

⑤ 프로젝트 실행하기

▶ 을 클릭하세요. 🔴 을 드래그해서 가장 오른쪽에 연결해주세요. 이제 코딩이 완성되었습니다.

🏁 을 클릭하면 🏁 이 시작되면서 연결된 블록들이 차례로 실행돼요. 릴리가 침대 오른쪽으로 움직이는 게 보이나요?

⑥ 프로젝트 완성

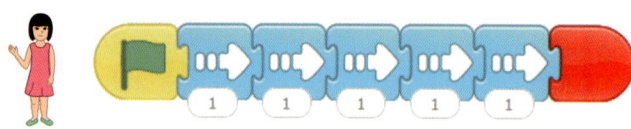

STEP 5. 더 해보기

더 해보기 미션 1. 릴리가 침대 왼쪽으로 이동하도록 해보세요.

대신에 을 사용해보세요. 이제 릴리가 침대 왼쪽으로도 움직일 수 있어요.

더 해보기 미션 2. 을 하나의 블록으로 바꿔보세요.

의 아래 숫자를 5로 바꿨어요. 과 는 같아요.

 숫자가 써 있는 블록의 숫자 부분을 누르면 숫자판이 나타나요.

숫자판에서 원하는 숫자를 골라 클릭하세요.

••• Work Book : UNIT01

학교에 갈 준비를 해요 – 미션! 침대에서 일어나 학교에 갈 준비를 해요 –

결과 미리보기

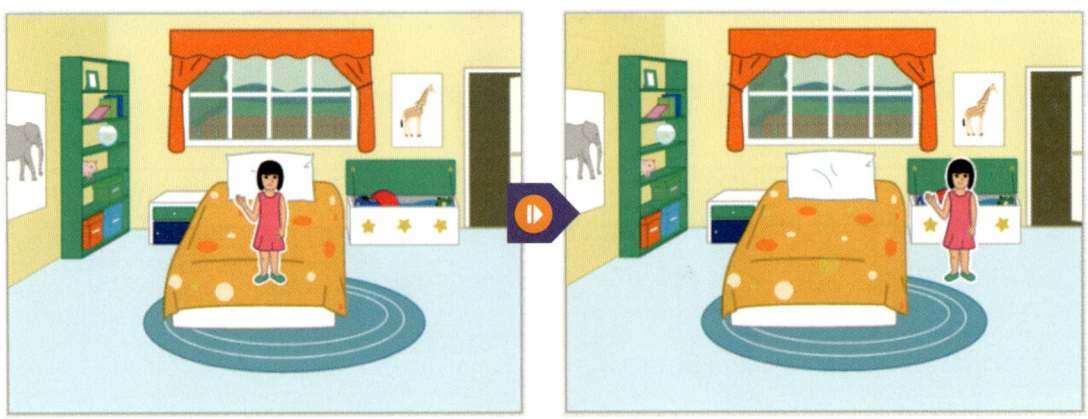

배경과 캐릭터

코딩하기

더 해보기

더 해보기 미션 1. ……………………………………………… 릴리가 침대 왼쪽으로 이동하도록 해보세요.

더 해보기 미션 2. ……………………………………………… 을 하나의 블록으로 바꿔보세요.

블록 모음

(블록을 오려서 실제로 결합해보세요)

MEMO

Unit 02

스쿨버스를 타요

미션! 스쿨버스가 왔어요. 안전하게 버스를 타요

STEP 1. 결과 미리보기

마크가 학교에 가기위해 스쿨버스를 기다리고 있어요. 저기 스쿨버스가 오고 있어요.

스쿨버스가 마크 앞에 와서 멈췄어요. 이제 마크가 스쿨버스에 올라탈 차례입니다.

마크를 클릭하면 마크가 버스에 안전하게 탑니다. 버스에 탄 마크는 화면에서 사라졌어요.

STEP 2. 새로운 블록 살펴보기

노란색 블록에 사람 모양이 그려져 있어요. 손가락으로 사람을 클릭하는 모양이네요. 캐릭터를 클릭하면 이 블록이 시작돼요.

하늘색 블록에 위로 향하는 화살표가 그려져 있어요. 캐릭터가 위로 움직이는 블록이에요. 아래 써 있는 숫자는 어떤 의미인지 다 알죠?

숫자가 써 있는 블록의 숫자 부분을 누르면 숫자판이 나타나요.

숫자판에서 원하는 숫자를 골라 클릭하세요.

분홍색 블록 위에 사람 모양이 그려져 있어요. 그런데 사람 그림이 투명하네요. 캐릭터가 무대에서 사라지도록 하는 블록이에요.

Chapter 01 · 31

STEP 3. 배경과 캐릭터 준비하기

① 배경 살펴보기

도로와 건물이 모여있는 배경(City)을 사용해요.

② 캐릭터 살펴보기

노란색 스쿨버스입니다. 학생들을 안전하게 학교까지 데려다줘요.

파란 반바지와 빨간 티셔츠를 입은 마크입니다. 마크가 스쿨버스에 안전하게 탈 수 있도록 도와주세요.

③ 프로젝트 시작하기

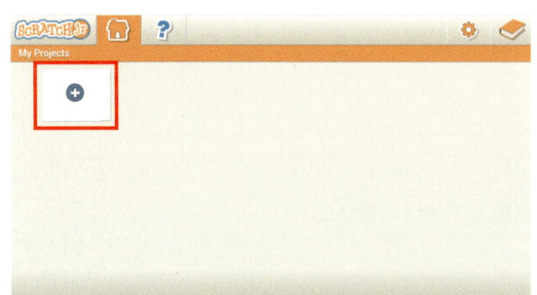

새로운 프로젝트를 만들기 위해 ➕ 을 클릭하세요.

④ 배경 선택하기

배경을 고르기 위해 ▨ 을 클릭하세요.

배경 저장소가 열렸어요. 도시(City) ▨ 을 선택하고 ✓ 를 클릭하세요.

⑤ 마크와 스쿨버스 불러오기

먼저 고양이 캐릭터를 지워주세요. 🐱 를 오랫동안 클릭한 후 ❌ 에서 ❌ 를 클릭하면 고양이가 지워져요.

새로운 캐릭터를 추가해요. ➕ 를 클릭하세요.

캐릭터 저장소에서 👦 를 찾아서 클릭하세요. ✓ 를 클릭하세요.

같은 방법으로 🚌 를 찾아 추가해주세요.

STEP 4. 코딩하기

1 캐릭터 크기 줄이기

먼저 마크의 크기를 줄여주세요. 를 클릭하면 왼쪽 아래 캐릭터 모양이 마크 로 바뀌어요. 을 아래쪽으로 드래그한 뒤 클릭해서 마크를 작게 만들어주세요.

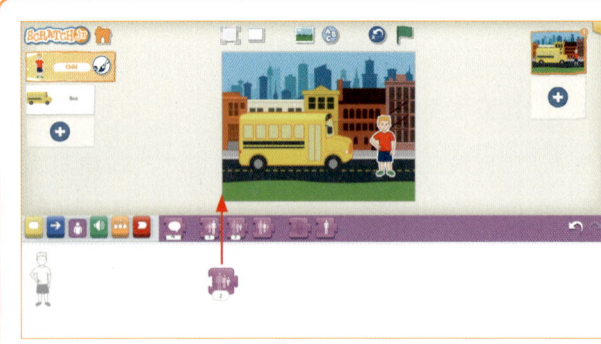

사용하지 않는 블록을 지워버릴 때는 어떻게 할까요? 블록을 드래그해서 위쪽으로 보내주세요. 블록이 사라집니다.

를 클릭하면 왼쪽 아래 캐릭터 그림이 스쿨버스 로 바뀌어요. 을 사용해서 버스 크기도 도로에 맞게 줄여주세요.

캐릭터마다 각각 자신만의 스크립트(블록 모음)를 가지고 있어요. 스쿨버스와 마크의 움직임이 서로 다르기 때문에 서로 다른 블록을 사용해야 하니까요. 화면 왼쪽 아래에 나오는 캐릭터 모양을 보고 블록을 결합해주세요.

 가 있을 때는 마크의 블록을 결합하고,

 가 있을 때는 스쿨버스의 블록을 결합하세요.

❷ 캐릭터 시작위치 정하기

두 캐릭터를 시작위치로 이동시켜주세요. 캐릭터를 클릭한 후 드래그하면 위치를 옮길 수 있어요.

스쿨버스는 무대 왼쪽으로, 마크는 무대 가운데 아래쪽으로 이동해주세요.

❸ 스쿨버스 코딩하기

 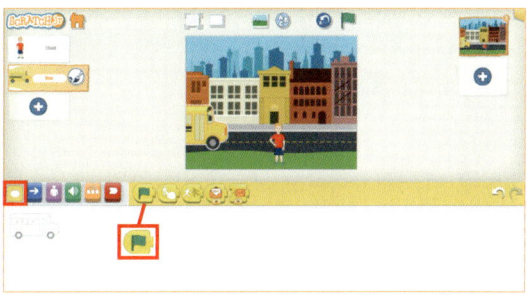

먼저 를 클릭해 스쿨버스 가 나타난 것을 확인해요.

을 클릭하고 을 드래그해서 아래쪽으로 옮겨오세요.

 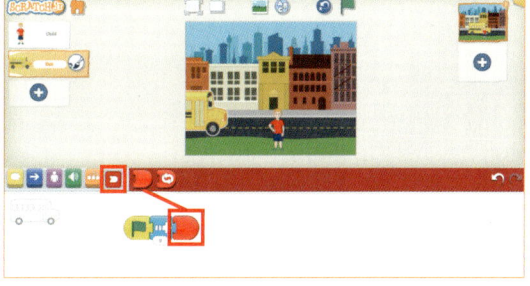

을 연결하고 숫자 1을 클릭해 9로 바꿔주세요. 은 이 9번 움직이는 것과 같아요.

마지막으로 을 연결해주면 스쿨버스의 코딩이 끝났어요.

④ 마크 코딩하기

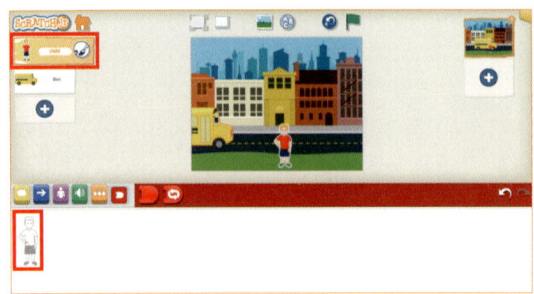

를 클릭하고, 캐릭터 모양이 마크로 바뀐 것을 확인하세요.

마크의 스크립트는 을 사용해 시작하지 않아요. 마크를 직접 클릭했을 때 시작하기 위해 을 드래그해서 가져오세요.

마크가 버스에 올라타는 모습을 만들기 위해 를 연결해요. 숫자 1을 2로 바꿔주세요. 이 되었네요.

마크가 버스에 탄 후 사라지도록 하기 위해 를 연결해요.

를 사용하면 캐릭터가 사라져요. 사라진 캐릭터가 다시 나타나려면 을 사용해야 해요.

마지막으로 을 연결하면 마크의 코딩도 끝!

❺ 프로젝트 완성

STEP 5. 더 해보기

> 더 해보기 미션! ·················· 마크 뒤에 다른 친구 1명이 서 있다가 함께 버스에 타도록 해보세요.

마크 뒤에 줄 서 있기 때문에 버스를 타려면 오른쪽으로 조금 움직이고 타야 해요. 🚌 의 숫자를 바꿔 🚌 을 사용했어요.

Work Book : UNIT02

스쿨버스를 타요 - 미션! 스쿨버스가 왔어요. 안전하게 버스를 타요 -

결과 미리보기

배경과 캐릭터

코딩하기

더 해보기

더 해보기 미션! ·············· 마크 뒤에 다른 친구 1명이 서 있다가 함께 버스에 타도록 해보세요.

블록 모음

(블록을 오려서 실제로 결합해보세요)

MEMO

Unit 03

교실에 도착했어요

미션! 교실에 도착했어요
선생님과 친구들에게 인사를 해요

STEP 1. 결과 미리보기

교실에 왔어요. 교실에는 선생님과 마크, 릴리가 있네요.

선생님이 먼저 'hi'라고 인사하면, 마크와 릴리도 차례대로 인사해요.

STEP 2. 새로운 블록 살펴보기

주황색 블록에 시계가 그려져 있어요. 시계 밑에는 숫자가 써 있네요. 캐릭터가 잠시 동안 멈춰 있도록 하는 블록이에요. 숫자가 달라지면 멈춰 있는 시간도 달라질까요?

보라색 블록에 말풍선이 그려져 있어요. 말풍선 밑에는 글자가 써 있네요. 캐릭터에게 말풍선이 나타나요. 말풍선 안에는 밑에와 같은 글자가 나타나요. 글자가 바뀌면 말풍선의 글자도 같이 바뀌어요.

의 글자부분을 클릭해보세요.

[hi] 글자 입력창이 나타나면 글자를 바꿀 수 있어요.

STEP 3. 배경과 캐릭터 준비하기

❶ 배경 살펴보기

교실(Classroom)을 사용해요. 책상과 의자가 있고, 사물함도 있어요. 앞에는 큰 화이트보드가 걸려 있네요.

❷ 캐릭터 살펴보기

침대에서 일어나기를 만들었던 릴리입니다. 다시 만나서 반가워요.

스쿨버스를 타고 학교에 온 마크네요. 마크도 늦지 않고 교실에 도착했어요.

우리 반 선생님을 소개할게요. 늘 다정한 분이랍니다.

❸ 프로젝트 시작하기

새로운 프로젝트를 만들기 위해 ➕을 클릭하세요.

❹ 배경 선택하기

배경을 고르기 위해 🖼️ 을 클릭하세요.

배경 저장소가 열렸어요. 교실(Classroom) 🖼️ 을 선택하고 ✅ 를 클릭하세요.

❺ 캐릭터 불러오기

먼저 고양이 캐릭터를 지워주세요. 🐱 를 오랫동안 클릭한 후 ❌🐱 에서 ❌ 를 클릭하면 고양이가 지워져요.

새로운 캐릭터를 추가해요. ➕ 를 클릭하세요.

캐릭터 저장소에서 선생님 🧍 을 찾아서 클릭하세요. ✅ 를 클릭하세요.

같은 방법으로 마크 🧍 와 릴리 🧍 를 찾아 추가해주세요.

STEP 4. 코딩하기

① 캐릭터 크기 줄이기

크기가 너무 크면 을 사용해 크기를 작게 해주세요. 크기가 작으면 을 사용해 크기를 크게 할 수 있어요.

> 크기를 바꿀 때는 지금 어떤 캐릭터가 선택되어 있는지 확인하세요. 화면 왼쪽 아래에 나타나는 캐릭터 모양을 보면 지금 선택된 캐릭터를 확인할 수 있어요.
>
> 선생님 인지, 마크 인지, 릴리 인지 잘 확인하세요.

② 캐릭터 시작위치 정하기

캐릭터를 시작위치로 이동시켜주세요. 캐릭터를 클릭한 후 드래그하면 위치를 옮길 수 있어요.

선생님은 왼쪽, 마크는 가운데, 릴리는 오른쪽으로 옮겨주세요.

❸ 선생님 코딩하기

먼저 [Mother] 를 클릭해 선생님 이 선택된 것을 확인해요.

🏁 을 드래그해서 아래쪽으로 옮겨오세요.

💬 을 🏁 오른쪽에 연결하세요. 💬 의 글자를 바꾸고 싶다면 바꿔보세요.

🔴 을 연결하세요. 선생님의 코딩이 끝났어요.

❹ 마크 코딩하기

[Child] 를 클릭하고, 캐릭터 모양이 마크 로 바뀐 것을 확인하세요.

🏁 을 드래그해서 아래쪽으로 옮겨오세요.

선생님과 마크가 동시에 인사하는 것이 아니에요. 선생님이 인사한 뒤에 마크가 인사해야 해요. 마크가 잠시 멈추기 위해 ⏰ 를 연결하세요. 숫자를 10에서 3으로 바꿔주세요. ⏰ 이 ⏰ 으로 바뀌었어요.

 의 숫자 부분을 클릭해보세요.

숫자판이 나타나요. 원하는 숫자로 바꿀 수 있어요.

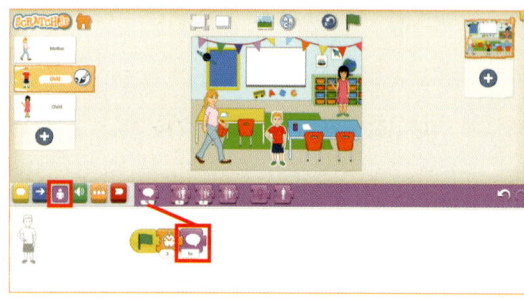

를 연결해 주세요. 마크는 잠시 기다린 뒤에 'hi'라고 인사해요.

마지막으로 을 연결하면 마크의 코딩도 끝!

⑤ 릴리 코딩하기

를 클릭하고, 캐릭터 모양이 릴리 로 바뀐 것을 확인하세요.

을 드래그해서 아래쪽으로 옮겨오세요.

선생님과 마크가 인사한 뒤에 릴리가 인사해요. 릴리가 그 시간동안 멈추기 위해 를 연결하세요. 숫자를 10에서 6으로 바꿔주세요. 이 으로 바뀌었어요.

를 연결해주세요. 릴리는 선생님과 마크에 이어서 'hi'라고 인사해요.

마지막으로 을 연결하면 릴리의 코딩까지 끝났어요.

6 프로젝트 완성

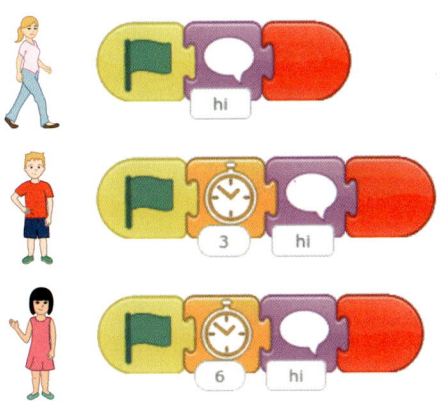

STEP 5. 더 해보기

> 더 해보기 미션! ······················· 친구를 1명 더 추가해 릴리 다음에 인사하도록 해보세요.

릴리 다음에 인사하기 위해서는 🕐의 숫자를 🕐보다 더 큰 숫자로 바꿔주세요. 🕐로 바꿔서 완성했어요.

Work Book : UNIT03

교실에 도착했어요 - 미션! 교실에 도착했어요. 선생님과 친구들에게 인사를 해요 -

결과 미리보기

배경과 캐릭터

코딩하기

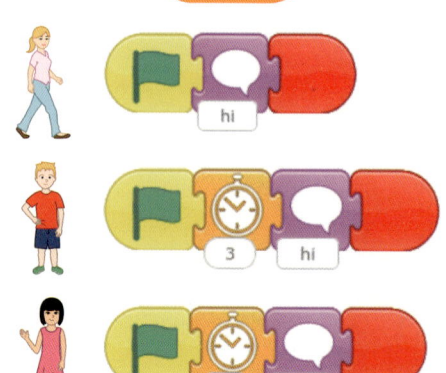

더 해보기

더 해보기 미션!

친구를 1명 더 추가해 릴리 다음에 인사하도록 해 보세요.

블록 모음

(블록을 오려서 실제로 결합해보세요)

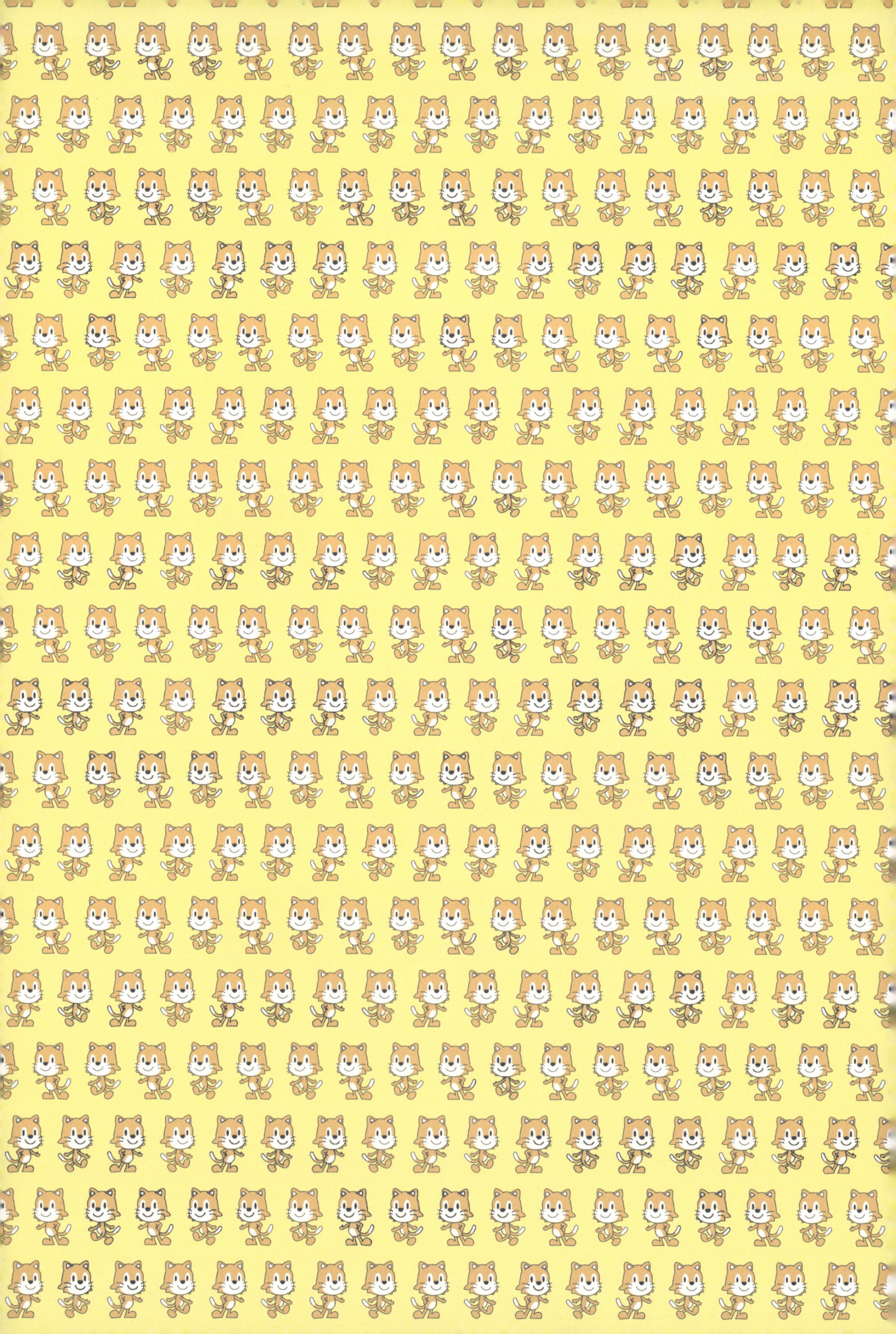

MEMO

Unit 04

달리기 시합을 해요

 미션! 달리기 시합이 열리고 있어요
신나게 달려보세요

STEP 1. 결과 미리보기

달리기 시합이 열렸어요. 세 사람이 달리기를 하기 위해 준비하고 있어요.

달리기 시합이 시작되었네요. 누가 1등일까요?

STEP 2. 새로운 블록 살펴보기

이 세 블록을 비교해봐요. 모두 주황색 블록에 서로 다른 사람 모양이 그려져 있어요. 서 있는 사람 과 걷는 사람 , 뛰는 사람 이 그려져 있어요. 다른 블록의 실행 속도를 조절하는 블록이에요. 블록의 실행 속도가 어떻게 달라지는지 확인해볼까요?

 이 세 블록이 어디에 있는지 찾아보세요. 블록 모음을 클릭하면 네 가지 블록이 나타나요. 그런데 밖에 보이지 않아요. 다른 두 블록은 어디 있을까요?
 화살표 부분을 클릭해보세요.
 다른 블록을 선택할 수 있는 창이 나타나요.

STEP 3. 배경과 캐릭터 준비하기

① 배경 살펴보기

나무가 있고 잔디가 깔린 공원(Park)이에요. 여기에서 달리기 시합이 열립니다.

② 캐릭터 살펴보기

우리 친구 릴리네요. 릴리의 달리기 실력은 어떨까요?

마크는 운동을 잘해요. 달리기 실력도 뛰어나겠죠?

새로운 친구 웬디입니다. 수줍음이 많아 보이는 웬디의 달리기 실력은 어떨까요?

 캐릭터는 자유롭게 선택하세요. 동물과 함께 달리기를 해도 좋고, 엄마 아빠와 함께 달리기를 해도 좋아요.

③ 프로젝트 시작하기

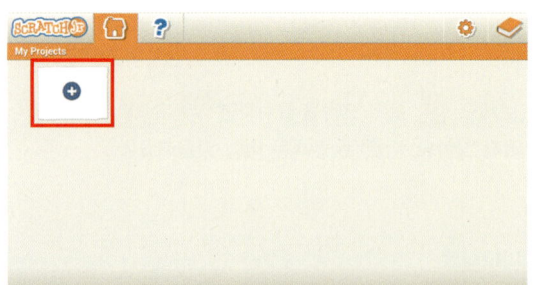

새로운 프로젝트를 만들기 위해 ➕ 을 클릭하세요.

④ 배경 선택하기

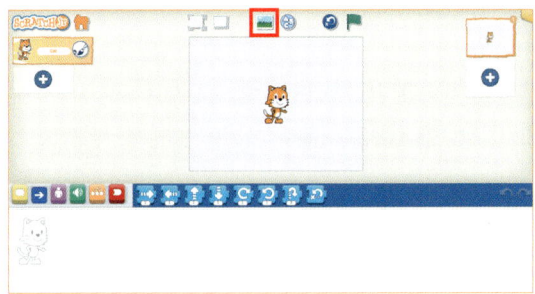

배경을 고르기 위해 을 클릭하세요.

배경 저장소가 열렸어요. 공원(Park) 을 선택하고 를 클릭하세요.

⑤ 캐릭터 불러오기

먼저 고양이 캐릭터를 지워주세요. 를 오랫동안 클릭한 후 에서 를 클릭하면 고양이가 지워져요.

새로운 캐릭터를 추가해요. 를 클릭하세요.

캐릭터 저장소에서 릴리 를 찾아서 클릭하세요. 를 클릭하세요. 마크 도 추가하세요.

같은 방법으로 웬디 도 추가하세요. 모든 캐릭터가 준비되었네요.

STEP 4. 코딩하기

❶ 캐릭터 크기 줄이기

을 사용해 세 캐릭터의 크기를 작게 해주세요. 크기가 작으면 을 사용해 크기를 크게 할 수 있어요.

❷ 캐릭터 시작위치 정하기

캐릭터를 시작위치로 이동시켜주세요. 캐릭터를 클릭한 후 드래그하면 위치를 옮길 수 있어요.

왼쪽에서 함께 달리기를 시작할 수 있게 위치를 정해주세요. 위에부터 릴리, 마크, 웬디의 순서로 서게 해주세요.

❸ 릴리 코딩하기

먼저 를 클릭해 릴리 가 선택된 것을 확인해요.

을 드래그해서 아래쪽으로 옮겨오세요.

을 오른쪽에 연결하세요. 화살표를 클릭하면 속도 선택 창 이 나타나요. 을 클릭하세요. 이 으로 바뀌었어요.

을 연결하세요. 숫자를 1에서 15로 바꿔주세요. 이 으로 바뀌었어요.

맨 오른쪽에 을 연결하세요. 릴리의 코딩이 끝났어요.

④ 마크 코딩하기

마크의 스크립트(블록 모음)은 릴리의 스크립트와 거의 같아요. 이럴 때 마크의 스크립트를 쉽게 만드는 방법이 있어요. 스크립트 복사하기 방법을 사용하면 훨씬 간단하게 문제를 해결할 수 있어요.

릴리의 스크립트 에서 맨 왼쪽 을 클릭해서 드래그하면 전체가 함께 움직여요. 을 으로 드래그하세요.

를 클릭하고, 캐릭터 모양이 마크 로 바뀐 것을 확인하세요. 이 복사되어 있어요.

의 화살표를 클릭하세요. 에서 을 클릭해요. 이 으로 바뀌었어요. 마크의 스크립트가 완성되었네요.

⑤ 웬디 코딩하기

마크의 스크립트 를 웬디에게 복사해주세요. 을 으로 드래그하세요.

전체를 드래그할 때는 반드시 가장 왼쪽에 있는 을 클릭해서 드래그하세요. 만약 을 클릭해서 드래그하면 을 뺀 나머지 만 선택돼요.

를 클릭하고, 캐릭터 모양이 웬디 로 바뀐 것을 확인하세요. 이 복사되어 있어요.

의 화살표를 클릭하세요. 에서 을 클릭해요. 이 으로 바뀌었어요. 웬디의 스크립트까지 끝났어요.

6 프로젝트 완성

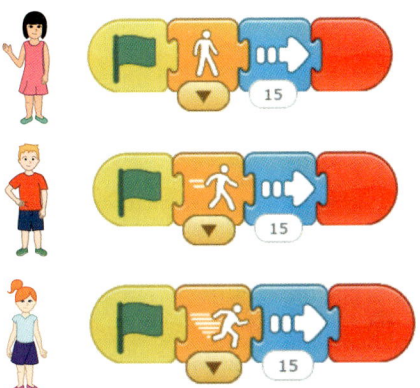

STEP 5. 더 해보기

> 더 해보기 미션! ········· 릴리가 1등, 웬디가 2등, 마크가 3등이 되도록 바꿔보세요.

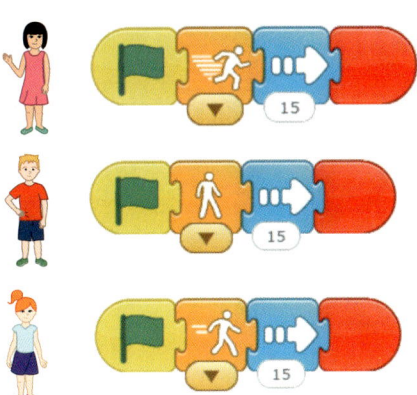

🏃을 사용하면 1등, 🚶을 사용하면 2등, 🕴을 사용하면 3등이 돼요.

Work Book : UNIT04

달리기 시합을 해요 - 미션! 달리기 시합이 열리고 있어요. 신나게 달려보세요 -

결과 미리보기

배경과 캐릭터

코딩하기

더 해보기

더 해보기 미션!

릴리가 1등, 웬디가 2등, 마크가 3등이 되도록 바꿔보세요.

블록 모음

(블록을 오려서 실제로 결합해보세요)

Unit 05

친구들과 생일파티를 해요

미션! 친구의 생일파티가 열렸어요
생일 축하 노래를 불러줘요

STEP 1. 결과 미리보기

웬디의 생일파티가 열리고 있어요. 토미가 생일 케이크를 들고 있어요.

토미가 생일 케이크를 탁자 위에 올려놓아요.

함께 생일 축하 노래를 불러요. 웬디야 생일 축하해!

STEP 2. 새로운 블록 살펴보기

초록색 블록에 마이크가 그려져 있어요. 내 목소리를 직접 녹음하고, 재생될 수 있게 하는 블록이에요. 마이크에는 번호가 써 있어요. 여러 번 녹음하고 재생할 수 있어요.

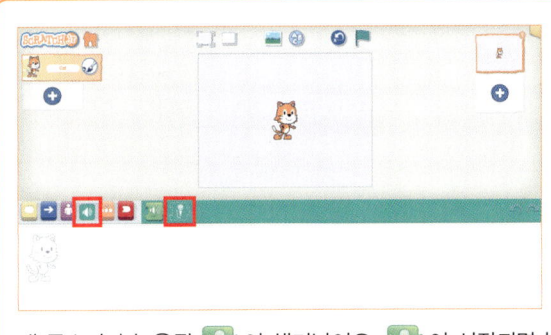

블록 모음을 클릭하면 초록색 블록들이 나타나요. 소리를 녹음하려면 을 클릭하세요.

녹음 창이 나타나면 을 클릭하고 녹음을 시작해요. 녹음이 끝나면 을 클릭하세요.

내 목소리가 녹음된 이 생겨났어요. 이 시작되면 녹음된 목소리가 나와요.

※ 녹음 기능은 일부 PC에서는 안될 수 있어요. 태블릿 PC에서 해보세요.

STEP 3. 배경과 캐릭터 준비하기

❶ 배경 살펴보기

아무것도 없는 빈방(Empty Room)이에요. 여기에서 생일 파티를 열 거예요.

❷ 캐릭터 살펴보기

오늘 생일파티의 주인공 웬디입니다. 웬디의 생일을 축하해주세요.

릴리와 마크도 웬디의 생일을 축하해주기 위해 왔어요.

새로운 친구 토미입니다. 직접 웬디를 위한 생일 케이크를 만들어 왔어요.

생일 파티를 위해 케이크와 탁자도 필요해요.

 사람뿐만 아니라 케이크와 탁자처럼 물건도 캐릭터가 될 수 있어요. 캐릭터 저장소에 많은 캐릭터가 있으니 마음껏 써 보세요.

③ 프로젝트 시작하기

새로운 프로젝트를 만들기 위해 ➕ 을 클릭하세요.

④ 배경 선택하기

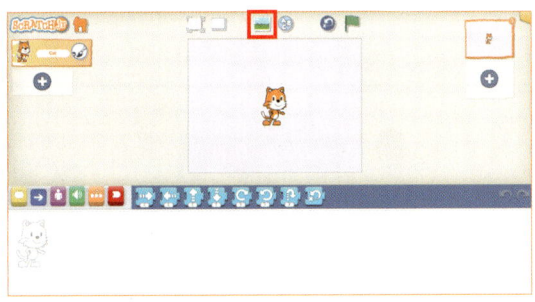

배경을 고르기 위해 🖼 을 클릭하세요.

배경 저장소가 열렸어요. 방(Bedroom) 🛏 을 선택하고 ✓ 를 클릭하세요.

⑤ 캐릭터 불러오기

먼저 고양이 캐릭터를 지워주세요. 🐱 를 오랫동안 클릭한 후 ❌ 에서 ❌ 를 클릭하면 고양이가 지워져요.

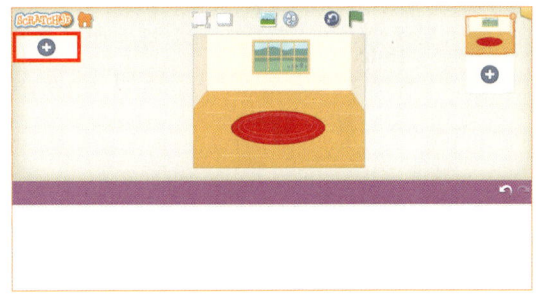

새로운 캐릭터를 추가해요. ➕ 를 클릭하세요.

캐릭터 저장소에서 릴리 👧 를 찾아서 클릭하세요. ✓ 를 클릭하세요. 마크 👦 도 추가하세요.

같은 방법으로 웬디 👧 와 토미 👦 도 추가하세요.

마지막으로 케이크 와 탁자 를 추가해요. 모든 캐릭터가 준비되었어요.

STEP 4. 코딩하기

❶ 캐릭터 크기 줄이기

을 사용해 캐릭터의 크기를 작게 해주세요. 특히 케이크가 너무 커요. 반대로 크기가 작으면 을 사용해 크기를 크게 할 수 있어요.

캐릭터의 크기를 알맞게 바꿔주었네요. 케이크도 적당한 크기로 변했어요.

❷ 캐릭터 시작위치 정하기

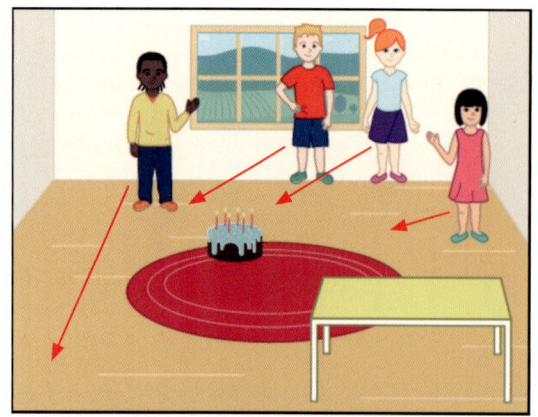

캐릭터를 시작위치로 이동시켜주세요. 캐릭터를 클릭한 후 드래그하면 위치를 옮길 수 있어요.

모든 캐릭터의 위치가 제자리를 찾았어요. 이제 생일 파티를 시작해볼까요?

3 토미 코딩하기

먼저 [Child]를 클릭해 토미가 선택된 것을 확인해요.

🚩을 드래그해서 아래쪽으로 옮겨오세요.

➡️을 🚩 오른쪽에 연결하세요. 숫자를 1에서 7로 바꿔주세요. 🚌이 🚌으로 바뀌었어요.

⬅️을 연결하세요. 숫자를 1에서 4로 바꿔주세요. 🚌이 🚌으로 바뀌었어요.

생일 축하 노래를 직접 녹음할 차례입니다. 🔊을 선택하고 🎤을 클릭하세요. 녹음 창이 나타나면 녹음 버튼 ⏺을 클릭해 녹음을 시작하세요. 생일 축하 노래 녹음이 끝나면 ✔을 클릭하세요.

새로 만들어진 🎵을 연결하세요. 이 블록에서 내가 녹음한 노래가 재생됩니다.

맨 오른쪽에 🔴을 연결하세요. 토미의 코딩이 끝났어요.

④ 케이크 코딩하기

 토미가 케이크를 들고 오른쪽으로 움직여요. 실제로 토미와 케이크는 각각 다른 캐릭터이기 때문에 케이크도 동시에 움직여야 해요. 그래야 함께 움직이는 것처럼 보여요.

을 클릭하고 이 선택된 것을 확인해요.

을 드래그해서 아래쪽으로 옮겨오세요.

을 오른쪽에 연결하세요. 숫자를 1에서 7로 바꿔주세요. 이 으로 바뀌었어요.

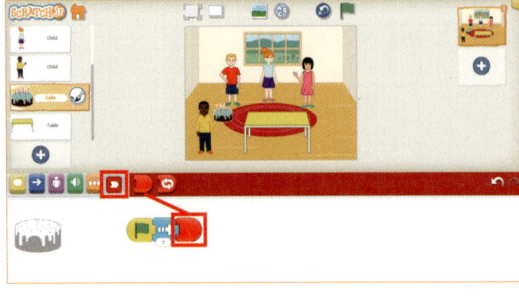

맨 오른쪽에 을 연결하세요. 케이크까지 완성. 모든 코딩이 끝났어요.

❺ 프로젝트 완성

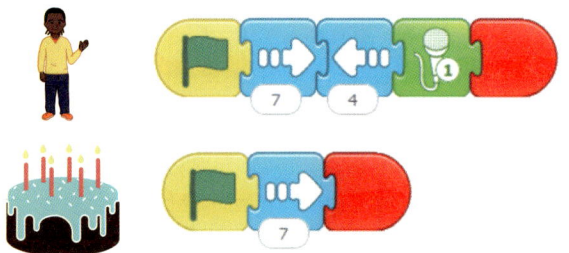

STEP 5. 더 해보기

더 해보기 미션! ················· 노래가 끝나고, "생일 축하해"라는 말이 나오도록 블록을 추가하세요.

녹음 기능을 한 번 더 사용하면 ![] 옆에 ![]이 하나 더 나타나요. 이것을 스크립트에 연결해서 녹음 파일이 2개 재생되도록 하세요.

Work Book : UNIT05

친구들과 생일파티를 해요 — 미션! 친구의 생일파티가 열렸어요. 생일 축하 노래를 불러줘요 —

결과 미리보기

배경과 캐릭터

코딩하기

더 해보기

더 해보기 미션!

노래가 끝나고, "생일 축하해"라는 말이 나오도록 블록을 추가하세요.

블록 모음

(블록을 오려서 실제로 결합해보세요)

MEMO

Unit 06

친구와 공놀이를 해요

미션! 체육관에서 축구 경기가 열려요
친구와 공놀이를 즐겨요

STEP 1. 결과 미리보기

체육관에서 축구 시합이 열려요. 웬디와 마크가 공놀이를 해요.

웬디가 축구공을 발로 차요. 축구공이 마크 앞까지 굴러갔어요.

STEP 2. 새로운 블록 살펴보기

노란색 블록에 편지 봉투가 그려져 있어요. 편지를 보내는 블록 과 편지를 받아서 열어보는 블록 이 있네요. 두 블록은 서로 떨어져 있는 블록을 연결시켜줘요.

블록은 서로 자석처럼 붙여서 연결할 수 있어요. 붙어 있는 블록은 차례로 실행되죠. 그런데 서로 떨어져 있는 스크립트(블록 모음)을 연결할 수는 없을까요? 메시지 보내기 와 메시지 받기 를 사용하면 가능해요. 두 블록은 서로 떨어져 있어도  다음에는 이 실행돼요.

메시지 보내기와 메시지 받기는 편지 색깔에 따라 6가지 짝이 있어요. 색이 똑같은 짝꿍끼리만 서로 연결해주는 역할을 해요.

STEP 3. 배경과 캐릭터 준비하기

❶ 배경 살펴보기

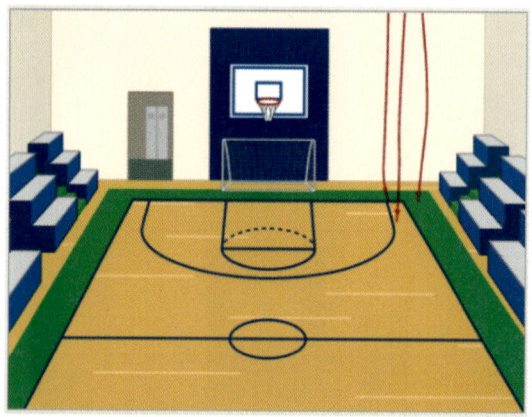

축구 경기는 체육관(Gym)에서 열려요. 다같이 체육관으로 가요.

❷ 캐릭터 살펴보기

웬디는 지난번 달리기 시합에서 1등을 했었어요. 달리기만큼 축구도 잘할까요?

마크는 운동을 잘 하지만 달리기 시합에서는 아쉽게 2등을 했어요. 이번엔 잘할 수 있겠죠?

마크와 웬디가 공놀이를 하기 위해 축구공이 필요해요.

❸ 프로젝트 시작하기

새로운 프로젝트를 만들기 위해 ➕ 을 클릭하세요.

④ 배경 선택하기

배경을 고르기 위해 ▨ 을 클릭하세요.

배경 저장소가 열렸어요. 체육관(Gym) ▨ 을 선택하고 ✓ 를 클릭하세요.

⑤ 캐릭터 불러오기

먼저 고양이 캐릭터를 지워주세요. ▨ 를 오랫동안 클릭한 후 ▨ 에서 ✖ 를 클릭하면 고양이가 지워져요.

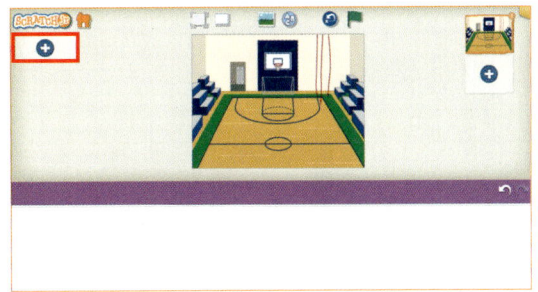

새로운 캐릭터를 추가해요. ➕ 를 클릭하세요.

캐릭터 저장소에서 웬디 ▨ 를 찾아서 클릭하세요. ✓ 를 클릭하세요. 마크 ▨ 도 추가하세요.

같은 방법으로 축구공 ⚽ 을 추가해요. 모든 캐릭터가 준비되었어요.

STEP 4. 코딩하기

① 캐릭터 크기 줄이기

캐릭터가 클 경우 을 사용해 캐릭터의 크기를 작게 해주세요. 반대로 크기가 작으면 을 사용해 크기를 크게 할 수 있어요.

② 캐릭터 시작위치 정하기

캐릭터를 시작위치로 이동시켜주세요. 캐릭터를 클릭한 후 드래그하면 위치를 옮길 수 있어요.

웬디는 왼쪽으로, 마크는 오른쪽으로 옮겼어요. 축구공은 웬디 발 앞에 놓여있어요.

③ 웬디 코딩하기

먼저 ▭ 를 클릭해 릴리 가 선택된 것을 확인해요.

▭ 을 드래그해서 아래쪽으로 옮겨오세요.

▭ 을 ▭ 오른쪽에 연결하세요.

떨어져 있는 축구공 스크립트와 연결하기 위해 메시지 보내기 블록이 필요해요. ▭ 을 연결하세요.

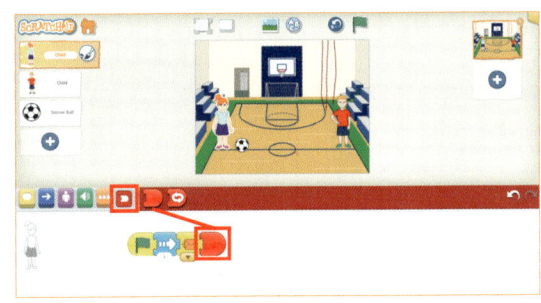

맨 오른쪽에 ▭ 을 연결하세요. 웬디의 코딩이 끝났어요.

❹ 축구공 코딩하기

 축구공은 웬디와 동시에 움직이지 않아요. 웬디가 발로 차야 움직일 수 있어요. 웬디의 스크립트에서 보낸 메시지를 받아 연결해주세요.

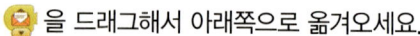을 클릭하고 ⚽이 선택된 것을 확인해요.

✉을 드래그해서 아래쪽으로 옮겨오세요.

➡을 ✉ 오른쪽에 연결하세요. 숫자를 1에서 10으로 바꿔주세요. ➡이 ➡으로 바뀌었어요.

맨 오른쪽에 🔴을 연결하세요. 축구공 코딩 완성. 모든 코딩이 끝났어요.

❺ 프로젝트 완성

STEP 5. 더 해보기

> 더 해보기 미션! ················· 웬디가 찬 축구공을 다시 마크가 차서 웬디에게 보내세요.

축구공이 끝까지 굴러가면, 다시 마크에게 메시지를 보내야해요. 그래야 마크가 움직여 축구공을 찰 수 있어요. 을 중간에 연결하세요.

축구공이 보낸 보라색 메시지 📧를 마크가 받아서 연결하기 위해 📨을 사용했어요. 마크가 메시지를 받으면 다시 축구공을 발로 차요. 🦶 이제 다시 축구공이 웬디에게 굴러가도록 파란색 메시지 📧를 보내주세요.

축구공이 마크에게 파란색 메시지를 받으면 📨 다시 웬디를 향해 왼쪽으로 굴러가요. ⬅️

Work Book : UNIT06

친구와 공놀이를 해요 — 미션! 체육관에서 축구 경기가 열려요. 친구와 공놀이를 즐겨요 —

결과 미리보기

배경과 캐릭터

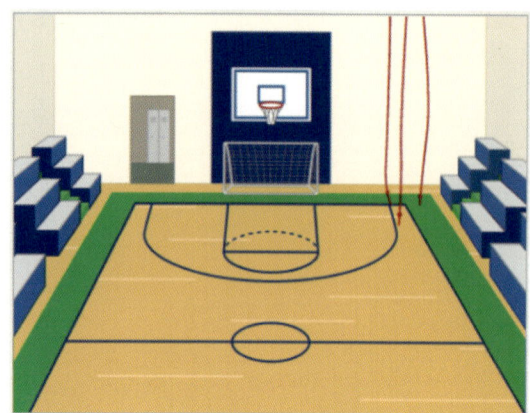  

코딩하기

더 해보기

더 해보기 미션!
웬디가 찬 축구공을 다시 마크가 차서 웬디에게 보내세요.

블록 모음

(블록을 오려서 실제로 결합해보세요)

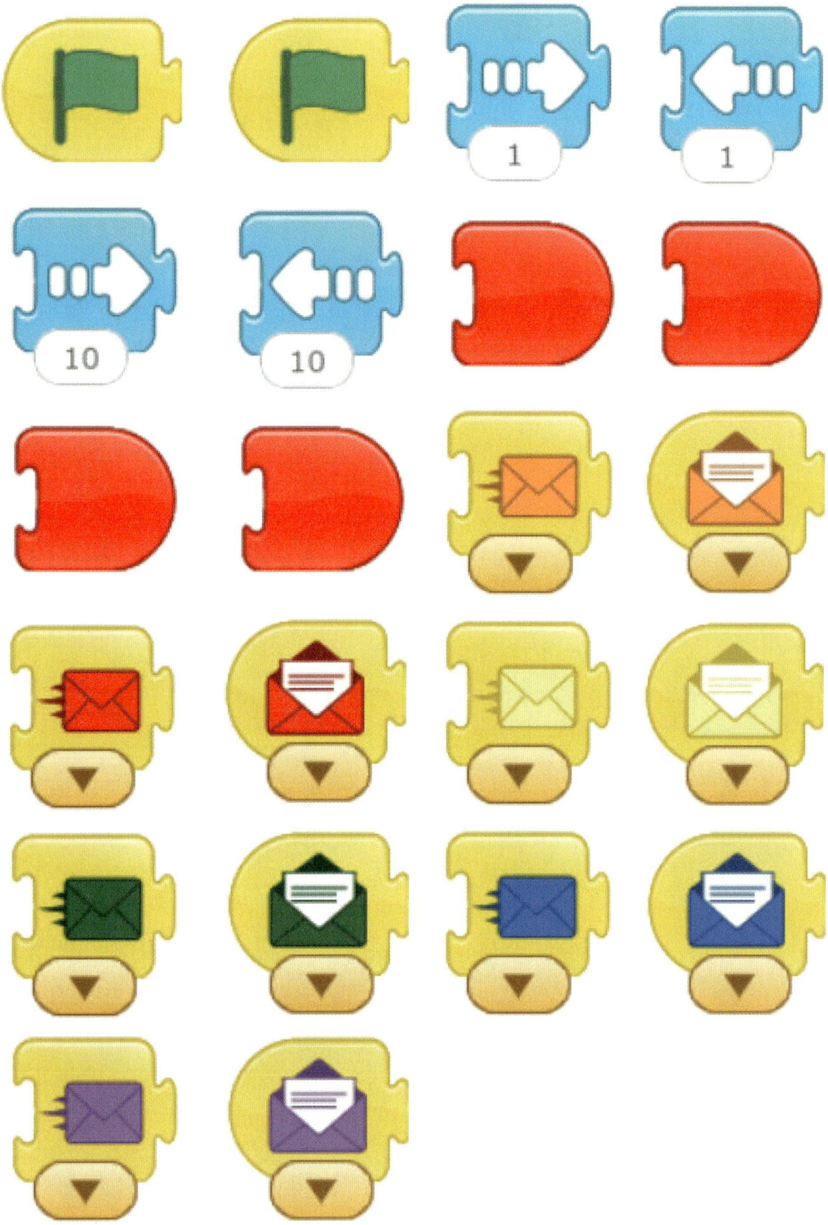

MEMO

Unit 07

수족관에 놀러 가요

미션! 수족관에 놀러 왔어요
마음껏 헤엄치는 물고기를 만들어봐요

STEP 1. 결과 미리보기

수족관에 놀러 왔어요. 물속에 여러 종류의 물고기가 보이네요.

물고기들이 물속에서 신나게 헤엄치고 있어요. 물고기가 잘 움직일 수 있도록 여러분이 도와주세요.

STEP 2. 새로운 블록 살펴보기

노란색 블록에 2명의 사람이 그려져 있어요. 두 사람이 손을 부딪치고 있네요. 캐릭터가 다른 캐릭터와 닿으면 이 시작돼요.

하늘색 블록에 구부러진 화살표가 그려져 있어요. 캐릭터가 위로 뛰어올랐다가 제자리로 돌아와요. 밑에는 숫자가 써 있어요. 만약 숫자가 더 커지면 캐릭터의 움직임은 어떻게 변할까요?

빨간색 블록에 두 개의 화살표가 맞물려 있어요. 스크립트의 맨 오른쪽에 이 나오면 스크립트가 다시 처음부터 시작돼요. 멈추지 않고 계속해서 무한반복하는 블록입니다.

하늘색 블록위에 둥근 화살표가 그려져 있어요. 캐릭터가 빙글빙글 도는 블록이에요. 시계방향이나 반시계방향으로 돌아요. 밑에는 숫자가 써 있어요. 숫자가 바뀌면 도는 모습도 바뀔까요?

 ↻ ↺ 의 숫자는 캐릭터가 한 번에 얼마만큼 도는 지를 나타내요. 숫자가 10이면 진짜 시계에서 숫자 한 칸만큼(30도) 도는 것을 의미해요. 만약 한 바퀴를 모두 돌리려면 숫자를 12로 바꾸면 돼요.

STEP 3. 배경과 캐릭터 준비하기

❶ 배경 살펴보기

물속(Underwater) 배경이에요. 여기에서 물고기들이 마음껏 헤엄칠 거랍니다.

❷ 캐릭터 살펴보기

특이하게 생긴 이 물고기는 해마입 니다. 해마는 계속 아래-위로 움직 여요.

바다에서 가장 큰 물고기인 고래네 요. 고래는 계속 오른쪽으로 움직 여요.

몸 색깔이 초록색인 열대어네요. 열대어는 다른 물고기와 닿으면 폴 짝 뛰어올랐다 제자리로 돌아가요.

❸ 프로젝트 시작하기

새로운 프로젝트를 만들기 위해 ➕ 을 클릭하세요.

④ 배경 선택하기

배경을 고르기 위해 ▨ 을 클릭하세요.

배경 저장소가 열렸어요. 물속(Underwater) ▨ 을 선택하고 ✓ 를 클릭하세요.

⑤ 캐릭터 불러오기

먼저 고양이 캐릭터를 지워주세요. ▨ 를 오랫동안 클릭한 후 ▨ 에서 ✕ 를 클릭하면 고양이가 지워져요.

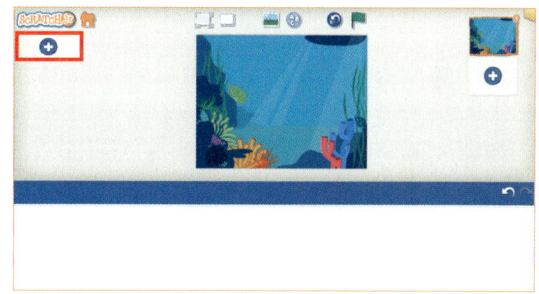

새로운 캐릭터를 추가해요. ➕ 를 클릭하세요.

캐릭터 저장소에서 해마 ▨ 를 찾아서 클릭하세요. ✓ 를 클릭하세요. 해마 캐릭터가 추가되었어요.

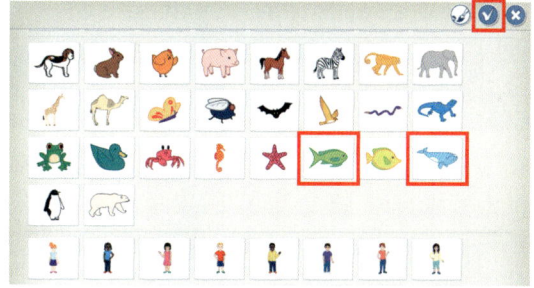

같은 방법으로 고래 ▨ 와 열대어 ▨ 를 추가해요. 모든 캐릭터가 준비되었어요.

STEP 4. 코딩하기

① 캐릭터 크기 줄이기

캐릭터가 클 경우 ![] 을 사용해 캐릭터의 크기를 작게 해주세요. 반대로 크기가 작으면 ![] 을 사용해 크기를 크게 할 수 있어요. 고래가 너무 크니까 조금 작게 해주면 좋겠네요.

② 캐릭터 시작위치 정하기

캐릭터를 시작위치로 이동시켜주세요. 캐릭터를 클릭한 후 드래그하면 위치를 옮길 수 있어요.

고래는 왼쪽으로, 해마는 가운데, 열대어는 오른쪽으로 옮겼어요. 3마리가 나란히 있네요.

③ 해마 코딩하기

먼저 ![] 를 클릭해 해마 ![] 가 선택된 것을 확인해요.

![] 을 드래그해서 아래쪽으로 옮겨오세요.

해마가 위-아래로 움직이기 위해 먼저 위로 움직이도록 해주세요. 을 오른쪽에 연결하세요. 숫자를 1에서 8로 바꿔주세요. 이 으로 바뀌었어요.

위로 올라왔으니 이제 아래로 움직일 차례예요. 을 오른쪽에 연결하세요. 숫자를 1에서 8로 바꿔주세요. 이 으로 바뀌었어요.

지금까지는 스크립트의 끝에 을 연결했었어요. 하지만 해마는 한 번 움직이고 끝나는 것이 아니라 쉬지 않고 위-아래를 움직여야 해요. 계속 반복될 수 있도록 대신에 을 연결해요.

지금까지는 스크립트의 마지막으로 을 연결했어요. 는 스크립트가 모두 끝났음을 의미하는 종료 블록입니다. 하지만 이때는 스크립트가 한 번밖에 실행되지 않아요. 한 번으로 끝나는 것이 아니라 계속해서 반복해야 할 때는 을 사용합니다. 잊지말고 꼭 기억해두세요.

❹ 고래 코딩하기

먼저 를 클릭해 이 선택된 것을 확인해요.

을 드래그해서 아래쪽으로 옮겨오세요.

고래가 오른쪽으로 움직이기 위해 🚌 을 🏁 오른쪽에 연결하세요. 숫자를 1에서 6으로 바꿔주세요. 🚌 이 🚌 으로 바뀌었어요.

계속해서 오른쪽으로 움직이기 위해 🔄 을 연결하세요. 고래 코딩 완성!

❺ 열대어 코딩하기

🐟 를 클릭해 🐟 이 선택된 것을 확인해요.

열대어는 다른 물고기와 닿았을 때 움직이는 캐릭터입니다. 🏁 대신 🏃 을 드래그해서 아래쪽으로 옮겨오세요.

 🏁 은 처음 시작할 때 실행되는 블록이에요. 열대어는 처음부터 움직이지 않고 다른 물고기와 닿았을 때만 위로 뛰어오르죠. 🏁 대신 🏃 을 써야 원하는 움직임을 만들 수 있어요.

열대어가 위로 뛰어올랐다가 제자리로 돌아오도록 하기 위해 🔁 을 🏃 오른쪽에 연결하세요. 숫자를 2에서 8로 바꿔주세요. 🔁 이 🔁 으로 바뀌었어요.

스크립트의 마지막으로 🛑 을 연결하세요. 열대어 코딩이 끝났어요.

⑥ 프로젝트 완성

STEP 5. 더 해보기

> 더 해보기 미션! ·························· 해마가 다른 물고기와 닿으면 한 바퀴 빙글 돌아요.

해마가 한 바퀴 도는 움직임은 다른 물고기와 닿았을 때  실행됩니다. 닿으면 시계방향으로 한 바퀴 회전 하게 되는 것이죠.

반시계 방향으로 회전하고 싶다면 대신 을 사용하세요.

은 다른 캐릭터와 닿을 때마다 실행돼요. 매번 새로 실행되기 때문에 스크립트의 마지막에 을 쓸 필요없이 을 연결해주면 돼요.

Work Book : UNIT07

수족관에 놀러 가요 - 미션! 수족관에 놀러 왔어요. 마음껏 헤엄치는 물고기를 만들어봐요 -

결과 미리보기

배경과 캐릭터

코딩하기

더 해보기

더 해보기 미션 1.

해마가 다른 물고기와 닿으면 한 바퀴 빙글 돌아요.

블록 모음

(블록을 오려서 실제로 결합해보세요)

MEMO

Unit 08

술래잡기 놀이를 해요

미션!
술래잡기 놀이에서 술래를 피해 사과를 가져가요

STEP 1. 결과 미리보기

들판에서 술래잡기 놀이 중이네요. 저 멀리 술래를 피해 가져가야 할 사과가 있어요.

사과 근처로 가다가 술래에게 잡히면 원래 자리로 돌아가야 해요.

술래를 피해 사과를 가져오면 성공!

STEP 2. 새로운 블록 살펴보기

하늘색 블록에 X표시와 화살표가 그려져 있어요. 캐릭터가 원래 시작 위치로 되돌아가는 블록이에요. 술래에게 잡혀 원래 위치로 되돌아갈 때 쓰면 좋겠죠?

주황색 블록에 손바닥이 그려져 있어요. 뭔가 경고를 알려주는 것 같아요. 캐릭터의 스크립트를 멈추게 하는 블록이에요. 실행 중인 캐릭터의 스크립트가 중지해요.

STEP 3. 배경과 캐릭터 준비하기

① 배경 살펴보기

들판이 넓게 펼쳐진 농장(Farm) 배경이네요. 여기에서 술래잡기 놀이를 할 거예요.

② 캐릭터 살펴보기

릴리를 기억하고 있나요? 이번 프로젝트에서는 릴리가 술래 역할을 맡았어요.

지난번에 생일 케이크를 준비했던 토미입니다. 이번에는 술래를 피해 도망치는 역할이에요.

토미가 술래인 릴리를 피해 이 사과를 가져와야 해요.

③ 프로젝트 시작하기

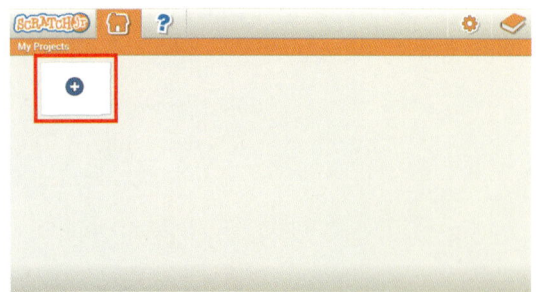

새로운 프로젝트를 만들기 위해 ➕ 을 클릭하세요.

④ 배경 선택하기

배경을 고르기 위해 ▨ 을 클릭하세요.

배경 저장소가 열렸어요. 농장(Farm) ▨ 을 선택하고 ✓ 를 클릭하세요.

⑤ 캐릭터 불러오기

먼저 고양이 캐릭터를 지워주세요. 🐱 를 오랫동안 클릭한 후 ❌ 에서 ❌ 를 클릭하면 고양이가 지워져요.

새로운 캐릭터를 추가해요. ➕ 를 클릭하세요.

캐릭터 저장소에서 릴리 👧 를 찾아서 클릭하세요. ✓ 를 클릭하세요. 토미 👦 도 같은 방법으로 추가해주세요.

같은 방법으로 사과 🍎 캐릭터를 추가해주세요. 모든 캐릭터가 추가되었어요.

STEP 4. 코딩하기

❶ 캐릭터 크기 줄이기

캐릭터가 클 경우 🔽 을 사용해 캐릭터의 크기를 작게 해주세요. 반대로 크기가 작으면 🔼 을 사용해 크기를 크게 할 수 있어요.

이번 프로젝트에서는 캐릭터 크기를 모두 작게 맞추어 주세요.

❷ 캐릭터 시작위치 정하기

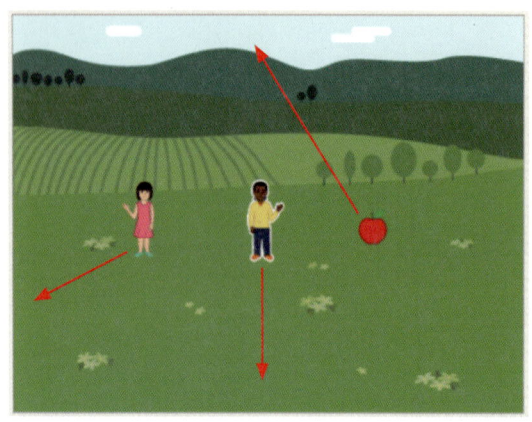 

캐릭터를 시작위치로 이동시켜주세요. 캐릭터를 클릭한 후 드래그하면 위치를 옮길 수 있어요.

릴리는 왼쪽으로, 토미는 가운데 아래쪽으로, 사과는 가운데 위쪽으로 옮겼어요.

③ 릴리 코딩하기

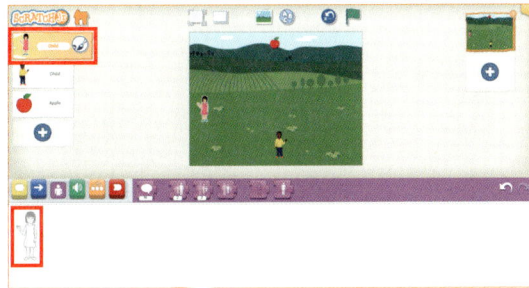

먼저 를 클릭해 릴리 가 선택된 것을 확인해요.

을 드래그해서 아래쪽으로 옮겨오세요.

릴리가 빨리 움직이기 위해 실행 속도를 조절하는 블록을 사용해요. 을 오른쪽에 연결하세요. 의 화살표를 누르면 이 나타나요. 을 클릭하면 이 로 바뀌어요.

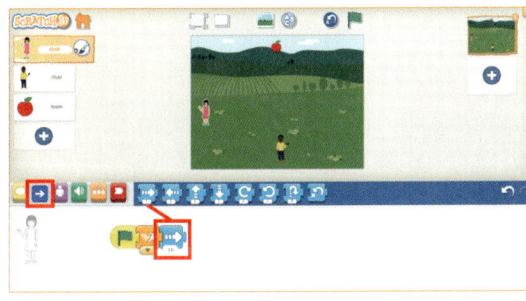

릴리는 오른쪽-왼쪽을 계속 왔다 갔다 해요. 먼저 을 다음에 연결하세요. 숫자를 1에서 16으로 바꿔주세요. 이 으로 바뀌었어요.

오른쪽에 을 연결하세요. 숫자를 1에서 16으로 바꿔주세요. 이 로 바뀌었어요.

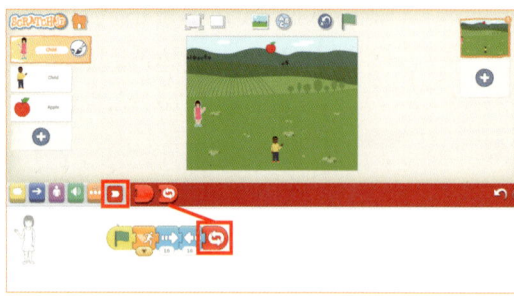

쉬지 않고 계속해서 오른쪽-왼쪽으로 움직이도록 하기 위해 가장 오른쪽에는 을 연결해요.

❹ 토미 코딩하기

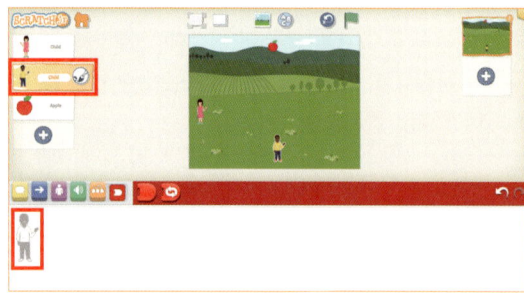 

를 클릭하고 이 선택된 것을 확인해요.   토미는 직접 캐릭터를 클릭해서 움직여요. 을 드래그해서 아래쪽으로 옮겨오세요.

스크립트를 시작하는 블록은 4종류가 있어요. 을 클릭해서 시작해요. 캐릭터를 직접 클릭해서 시작해요. 다른 캐릭터와 닿았을 때 시작해요. 에서 보낸 메시지를 받아서 시작해요.

토미는 클릭하면 위쪽으로 움직여요. 을 오른쪽에 연결하세요. 숫자를 1에서 3으로 바꿔주세요. 이 으로 바뀌었어요.

계속해서 위쪽으로 움직이기 위해 을 연결하세요.

토미는 위쪽으로 움직이다가 중간에 릴리와 닿으면 다시 제자리로 돌아와요. 닿았을 때 새로운 스크립트가 실행되도록 하기 위해 을 드래그해서 아래쪽으로 옮겨오세요.

원래 자리로 되돌아오기 위해 을 연결해요.

토미가 제자리로 돌아와도 은 계속 실행중이에요. 이 부분이 멈추도록 하기 위해 오른쪽에 을 연결해요.

마지막에 을 연결하면 토미의 코딩이 끝났어요.

Chapter 03 · 113

5 사과 코딩하기

를 클릭하고 이 선택된 것을 확인해요.

사과는 토미와 닿았을 때 사라지는 캐릭터입니다. 닿았을 때 스크립트가 실행되도록 을 드래그해서 아래쪽으로 옮겨오세요.

을 오른쪽에 연결하세요. 토미와 닿으면 사과가 사라지면서 마치 토미가 가져간 것처럼 보여요.

스크립트의 마지막은 을 연결하세요. 사과의 코딩이 끝났어요.

6 프로젝트 완성

STEP 5. 더 해보기

> 더 해보기 미션! .... 토미가 사과에 닿으면 릴리도 멈추도록 해요.

토미와 사과가 닿았을 때, 두 캐릭터와 상관없는 릴리가 멈춰야 해요. 릴리는 다른 두 캐릭터가 닿은 것을 모르기 때문에 사과에서 메시지를 보내 릴리에게 알려줘요. 을 중간에 넣어 초록색 메시지를 릴리에게 전달해요.

사과가 보낸 초록색 메시지는 을 통해 릴리에게 전달돼요. 메시지를 받은 릴리는 가 실행되면서 스크립트가 멈춰요.

> 서로 떨어져 있는 두 스크립트를 연결하기 위해서는 메시지 주고받기 기능이 필요해요. 을 통해 메시지를 보내고 으로 메시지를 받아요. 와 은 서로 떨어져 있지만 연결되어 있는 블록입니다.

Work Book : UNIT08

술래잡기 놀이를 해요 - 미션! 술래잡기 놀이에서 술래를 피해 사과를 가져가요 -

결과 미리보기

배경과 캐릭터

코딩하기

더 해보기

더 해보기 미션!
토미가 사과에 닿으면 릴리도 멈추도록 해요.

블록 모음

(블록을 오려서 실제로 결합해보세요)

MEMO

Unit 09

동물원에 놀러 가요

미션! 동물원에 놀러 왔어요
동물들이 이어달리기를 해요

STEP 1. 결과 미리보기

동물원에 왔어요. 동물들이 이어달리기를 하려고 서 있어요.

얼룩말부터 달리기 시작해요. 얼룩말이 코끼리와 닿으면 이제 코끼리가 달릴 차례예요.

코끼리 다음에는 기린 차례예요. 기린까지 달리면 이어달리기가 모두 끝나요.

STEP 2. 새로운 블록 살펴보기

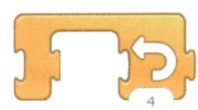

노란색 블록 위에 구부러진 화살표가 그려져 있어요. 화살표 아래에는 숫자가 써 있고, 앞에는 빈칸이 있어요. 이 빈칸에는 다른 블록을 끼워 넣을 수 있어요. 이 블록은 끼워 넣은 블록을 반복 실행하게 만들어줘요. 아래 써 있는 숫자만큼 반복합니다.

반복하는 블록은 2종류가 있어요. 은 끊임없이 계속해서 반복하는 무한반복 블록입니다. 앞에 연결된 블록을 계속해서 반복해요. 는 정해진 숫자만큼만 반복하는 블록입니다. 사이에 껴 있는 블록만 반복해요.

STEP 3. 배경과 캐릭터 준비하기

❶ 배경 살펴보기

초원(Savannah) 배경이네요. 여기에서 이어달리기를 할 거예요.

❷ 캐릭터 살펴보기

이어달리기의 첫 번째 선수는 얼룩말입니다. 시작할 때 가장 먼저 달리는 동물이에요.

이어달리기의 두 번째 선수는 코끼리네요. 얼룩말 다음에 달릴 동물이에요.

이어달리기의 마지막 선수는 기린이에요. 코끼리 다음에 마지막으로 달려요.

❸ 프로젝트 시작하기

새로운 프로젝트를 만들기 위해 ➕ 을 클릭하세요.

④ 배경 선택하기

배경을 고르기 위해 을 클릭하세요.

배경 저장소가 열렸어요. 초원(Savannah) 을 선택하고 를 클릭하세요.

⑤ 캐릭터 불러오기

먼저 고양이 캐릭터를 지워주세요. 를 오랫동안 클릭한 후 에서 를 클릭하면 고양이가 지워져요.

새로운 캐릭터를 추가해요. 를 클릭하세요.

캐릭터 저장소에서 얼룩말 를 찾아서 클릭하세요. 를 클릭하세요.

같은 방법으로 코끼리 와 기린 을 추가해주세요. 모든 캐릭터가 추가되었어요.

STEP 4. 코딩하기

❶ 캐릭터 크기 줄이기

캐릭터가 클 경우 🟪을 사용해 캐릭터의 크기를 작게 해주세요. 반대로 크기가 작으면 🟪을 사용해 크기를 크게 할 수 있어요.

이어달리기를 할 수 있도록 조금 작은 크기로 바꿔주세요.

❷ 캐릭터 시작위치 정하기

캐릭터를 시작위치로 이동시켜주세요. 캐릭터를 클릭한 후 드래그하면 위치를 옮길 수 있어요.

왼쪽부터 차례대로 얼룩말, 코끼리, 기린 순서대로 위치를 정해주세요.

❸ 얼룩말 코딩하기

먼저 [Zebra]를 클릭해 얼룩말이 선택된 것을 확인해요.

🚩을 드래그해서 아래쪽으로 옮겨오세요.

➡을 🚩 오른쪽에 연결하세요.

얼룩말은 코끼리를 만나기 전까지 계속 움직여야 해요. ➡ 다음에 🔁을 연결하세요.

얼룩말은 계속 앞으로 가는 것이 아니라 코끼리를 만나면 멈춰야 해요. 🌿을 연결해서 코끼리와 만났는지를 확인해주세요.

얼룩말이 코끼리를 만나면 멈추기 위해 🌿 오른쪽에 🔁을 연결해요.

마지막에 🔴을 연결해요. 얼룩말 코딩이 끝났어요.

 얼룩말이 앞으로 달리기만 하면 코끼리와 함께 달리는 실수를 할 수 있어요. 을 추가해서, 코끼리와 만났을 때 얼룩말은 멈추도록 해주세요.

❹ 코끼리 코딩하기

를 클릭해 가 선택된 것을 확인해요.

코끼리는 처음에는 움직이지 않다가, 얼룩말을 만나면 움직이네요. 을 드래그해서 아래쪽으로 옮겨오세요.

오른쪽으로 달려가기 위해 을 연결하세요.

계속해서 오른쪽으로 움직이기 위해 을 연결하세요.

코끼리는 기린과 만나면 멈춰야 해요. 기린이 출발할 때 코끼리는 멈추는 거죠. 하지만 기린이 출발하는 것을 어떻게 알 수 있을까요? 메시지 받기 블록 을 통해서 떨어져 있는 기린과 코끼리 스크립트를 연결해요.

기린으로부터 메시지를 받은 코끼리가 멈추기 위해서 오른쪽에 을 연결하세요.

마지막에 🔴 을 연결해요. 코끼리의 코딩도 끝났어요.

코끼리가 기린과 만났을 때 멈추게 하기 위해 얼룩말이 멈췄던 것처럼 ⬜⬜ 을 사용하면 안 될까요? 안돼요, 문제가 생겨요. 코끼리에게 ⬜⬜ 을 사용하면 코끼리가 얼룩말과 만났을 때 이미 멈춰버리는 문제가 생길 수 있어요. 그래서 조금 복잡하더라도 메시지 주고받기 기능을 사용해야 해요.

⑤ 기린 코딩하기

⬜ 를 클릭하고 ⬜ 이 선택된 것을 확인해요.

코끼리와 만나면 기린 스크립트가 시작돼요. ⬜ 을 드래그해서 옮겨주세요.

기린은 코끼리와 만나면 코끼리에게 만났다는 메시지를 보내줘요. ⬜ 오른쪽에 ⬜ 을 연결해서 메시지를 보내주세요.

코끼리와 만난 기린이 오른쪽으로 달리도록 해주세요. 기린이 반복해서 달리기 위해 ⬜ 을 연결해요. 아래 숫자를 4에서 5로 바꿔주세요. ⬜ 이 ⬜ 으로 바뀌었어요.

 숫자가 써 있는 블록의 숫자 부분을 누르면 숫자판이 나타나요.

숫자판 _____ 이 나타나면 원하는 숫자를 클릭하면 돼요.

 을 사이의 빈칸에 넣어주세요. 이제 기린은 5번 반복해서 오른쪽으로 달려가요.

 은 을 5번 반복하는 블록이에요. 은 와 같은 의미입니다. 물론 으로도 표현할 수 있어요.

 마지막에 을 연결해요. 기린의 코딩도 끝났어요.

❻ 프로젝트 완성

STEP 5. 더 해보기

> 더 해보기 미션! ················· 동물 소리를 녹음해서 달릴 때 동물소리가 나도록 해봐요.

직접 녹음한 동물소리는  을 통해서 낼 수 있어요. 얼룩말은 시작할 때부터 동물소리를 반복해서 낼 수 있도록 해주세요.

코끼리는 얼룩말과 만나서 달리기 시작할 때부터 동물소리를 내도록 해요.

기린은 코끼리와 만나면 동물소리를 내며 달려요. 동물소리를 반복해서 내기 위해  을 사용했어요. 아래의 숫자는 반복하고 싶은 횟수대로 수정할 수 있어요.

Work Book : UNIT09

동물원에 놀러 가요 - 미션! 동물원에 놀러 왔어요. 동물들이 이어달리기를 해요 -

결과 미리보기

배경과 캐릭터

코딩하기

더 해보기

더 해보기 미션!
동물 소리를 녹음해서 달릴 때 동물소리가 나도록 해 봐요.

블록 모음

(블록을 오려서 실제로 결합해보세요)

MEMO

Unit 10

사계절을 관찰해요

미션! 봄, 여름, 가을, 겨울까지 사계절이 어떻게 변하는지 관찰해요

STEP 1. 결과 미리보기

봄이 왔어요. 나비가 날아다니고 있어요.

더운 여름이에요. 뱀이 기어 다니고 있네요.

가을이 되었어요. 사과가 열렸네요.

겨울이 찾아왔어요. 펭귄이 뒤뚱뒤뚱 걷고 있어요.

STEP 2. 새로운 블록 살펴보기

빨간색 블록 위에 여러 가지 배경이 그려져 있네요. 다른 장면으로 바뀌는 블록이에요. 은 ①번 장면으로 바뀌고, 은 ②번 장면으로 바뀌어요. 원하는 장면으로 마음껏 바꿀 수 있어요.

> 우리는 지금까지 한 가지 장면만을 사용했어요. 이제 여러 장면을 사용해보려고 해요.   은 처음부터 볼 수 있는 블록들이 아니에요. 장면을 하나씩 만들 때마다 함께 생겨나는 블록이에요. 장면을 어떻게 만드는지는 뒤에서 함께 공부해요.

STEP 3. 배경과 캐릭터 준비하기

① 배경 살펴보기

숲속의 봄, 여름, 가을, 겨울이 담긴 4개의 배경을 사용해요.

② 캐릭터 살펴보기

봄의 주인공은 나비네요. 숲속을 훨훨 날아다녀요

여름 주인공은 뱀이에요. 숲속을 기어다녀요

가을에는 사과가 익어서 나무에 매달려 있어요.

겨울에는 펭귄이 나타났어요. 뒤뚱뒤뚱 걸어가요.

❸ 프로젝트 시작하기

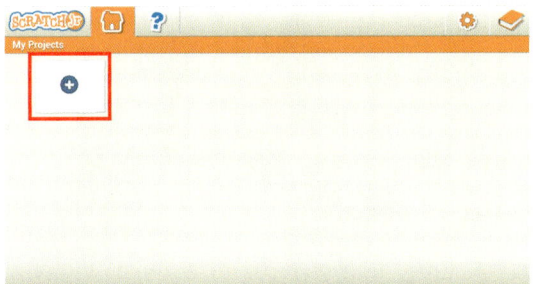

새로운 프로젝트를 만들기 위해 ➕ 을 클릭하세요.

❹ 배경 선택하기

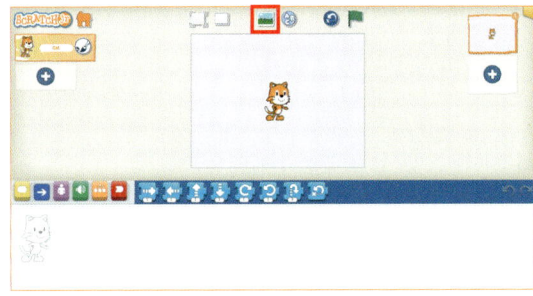

배경을 고르기 위해 🖼 을 클릭하세요.

배경 저장소가 열렸어요. 봄(Spring) 🟩 을 선택하고 ✓ 를 클릭하세요.

장면을 추가하기 위해 ➕ 를 클릭하세요.

오른쪽에 배경 화면이 2개 생겨났습니다. 새로운 장면이 추가되었네요. 이제 두번째 장면의 배경을 고르기 위해 🖼 을 클릭하세요.

여름(Summer) 을 선택하고 를 클릭하세요.

동일한 방법으로 장면을 2개 더 추가하고, 가을(Fall) 과 겨울(Winter) 배경을 골라주세요.

4개의 장면과 봄, 여름, 가을, 겨울 4개의 배경이 각각 선택되었네요.

5 캐릭터 불러오기

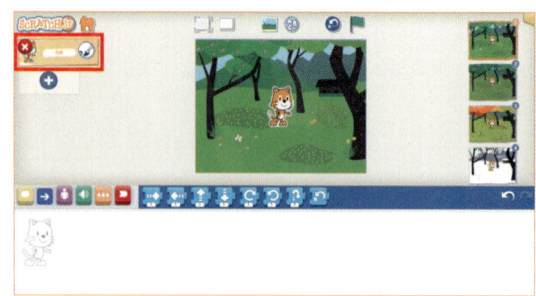

먼저 고양이 캐릭터를 지워주세요. 를 오랫동안 클릭한 후 에서 를 클릭하면 고양이가 지워져요. 4개 장면의 고양이를 모두 지워주세요.

4개 장면의 고양이를 모두 지우려면, 각각의 장면을 선택하고 고양이 지우기를 반복해야 해요. 오른쪽 장면 선택에서 을 클릭하면 장면❶ 화면이 나타납니다. 고양이를 지운 후 을 클릭하면 다시 장면❷가 나타나요. 다시 고양이를 지우세요. 이렇게 장면❹까지 반복해주세요.

모든 장면의 고양이가 지워졌어요.

먼저 장면❶의 캐릭터를 추가해요. 을 클릭해 장면❶을 선택한 후 를 클릭하세요.

캐릭터 저장소에서 나비 를 찾아서 클릭하세요. 를 클릭하세요.

장면❷의 캐릭터를 추가해요. 을 클릭해 장면❷을 선택한 후 를 클릭하세요.

캐릭터 저장소에서 뱀 를 찾아서 클릭하세요. 를 클릭하세요.

같은 방법으로 장면❸에는 사과 를 추가해요.

장면❹에는 펭귄 을 추가해요.

STEP 4. 코딩하기

❶ 캐릭터 크기 줄이기

캐릭터가 클 경우 을 사용해 캐릭터의 크기를 작게 해주세요. 반대로 크기가 작으면 을 사용해 크기를 크게 할 수 있어요.

❷ 캐릭터 시작위치 정하기

나비, 뱀, 펭귄의 위치는 화면 왼쪽으로 옮겨주세요.

사과의 위치는 나무 위로 옮겨주세요.

❸ 장면❶ 나비 코딩하기

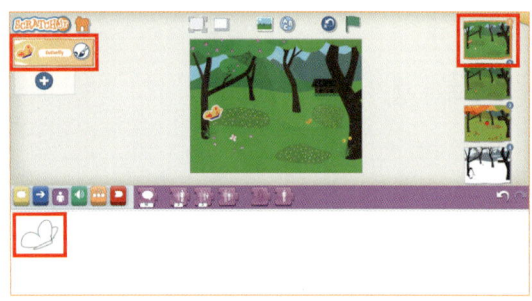

을 클릭한 후, Butterfly 를 클릭해 나비 가 선택된 것을 확인해요.

을 드래그해서 아래쪽으로 옮겨오세요.

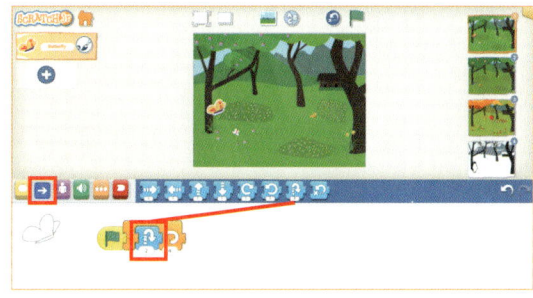

을 오른쪽에 연결하세요.

나비가 뛰어올라 날아가기 위해 을 사이에 연결해요.

나비는 뛰어 올라 오른쪽으로 날아가요. 을 의 다음에 연결해요. 의 숫자를 1에서 3으로 바꾸세요. 이 으로 바뀌었어요.

의 빈칸에는 여러 개의 블록을 끼워 넣을 수 있어요. 새로운 블록을 끼워 넣을 때마다 빈칸도 점점 늘어나요.

봄이 끝났어요. 여름으로 장면을 바꾸기 위해 을 연결해요.

④ 장면❷ 뱀 코딩하기

을 클릭한 후, 를 클릭해
이 선택된 것을 확인해요.

먼저 을 드래그해 옮겨 놓으세요. 오른쪽에
을 연결하세요.

뱀의 크기가 점점 커지도록 하기 위해 의 빈칸
에 을 연결해요.

크기가 커진 후에는 오른쪽으로 움직일 수 있도록
다음에 을 연결해요. 숫자 1을 3으로 바꾸세
요. 이 으로 바뀌었어요.

여름이 끝났어요. 가을 장면으로 넘어가기 위해
을 연결해요.

❺ 장면❸ 사과 코딩하기

을 클릭한 후, 를 클릭해 가 선택된 것을 확인해요.

먼저 을 드래그해 옮겨 놓으세요. 오른쪽에 을 연결하세요.

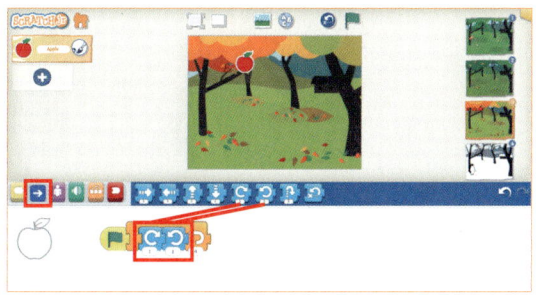

사과가 오른쪽-왼쪽으로 흔들리게 하기 위해 의 빈칸에 과 을 차례대로 연결해요.

흔들리던 사과가 밑으로 떨어지네요. 밑으로 떨어지기 위해서 을 연결하고, 숫자를 1에서 10으로 바꾸세요. 이 으로 바뀌었어요.

이제 가을도 끝났네요. 마지막 겨울 장면으로 넘어가기 위해 을 연결해요.

6 장면 ④ 펭귄 코딩하기

🐧을 선택한 후, 🔵를 클릭해 🐧이 선택된 것을 확인해요.

먼저 🚩을 드래그해 옮겨 놓으세요. 오른쪽에 🔶을 연결하세요.

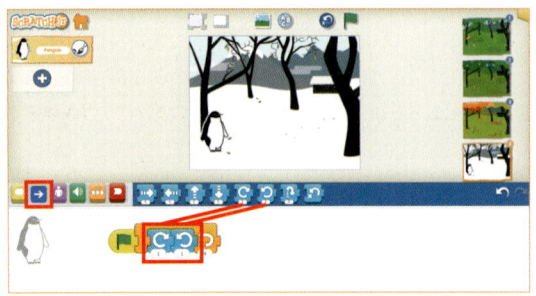

펭귄이 뒤뚱거리는 모습을 보여주기 위해 🔶의 빈칸에 🔵과 🔷을 차례대로 연결해요.

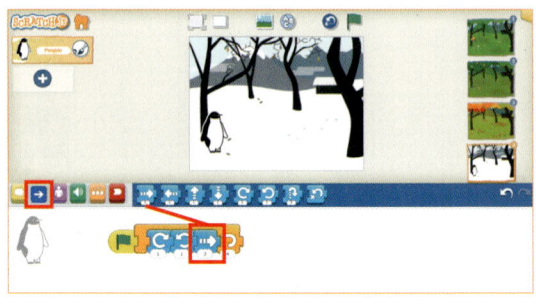

펭귄은 뒤뚱거린 후 오른쪽으로 움직여요. 🔷 오른쪽에 ➡️을 연결하고, 숫자를 1에서 3으로 바꾸세요. ➡️이 ➡️으로 바뀌었어요.

이제 겨울까지 끝났어요. 사계절의 마지막에는 🔴을 연결해요. 모든 코딩이 끝났어요.

7 프로젝트 완성

STEP 5. 더 해보기

더 해보기 미션! ·············· 겨울 다음에 다시 봄이 오도록 해서 사계절이 계속 이어지게 하세요.

장면❹ 펭귄 스크립트에서 끝부분을 🔴 에서 🖼 으로 바꿔주세요. 장면❹ 겨울 뒤에 다시 장면❶ 봄이 시작되도록 하면, 사계절이 끊임없이 반복돼요.

Work Book : UNIT10

사계절을 관찰해요 — 미션! 봄, 여름, 가을, 겨울까지 사계절이 어떻게 변하는지 관찰해요 —

결과 미리보기

배경과 캐릭터

코딩하기

더 해보기

더 해보기 미션!

겨울 다음에 다시 봄이 오도록 해서 사계절이 계속 이어지게 하세요.

블록 모음

(블록을 오려서 실제로 결합해보세요)

MEMO

Unit 11

별똥별이 떨어져요

미션! 우주에서 별똥별이 날아가도록 하세요

STEP 1. 결과 미리보기

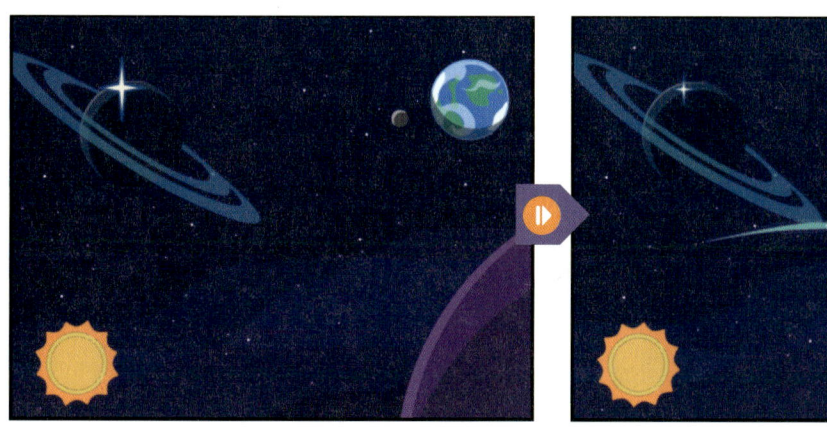

우주에 지구와 별, 태양이 떠 있어요.   갑자기 별똥별이 나타나 우주를 지나가네요.

STEP 2. 배경과 캐릭터 준비하기

① 배경 살펴보기

어둠이 끝없이 펼쳐져 있는 우주(Space)를 배경으로 사용해요.

② 캐릭터 살펴보기

우리가 살고 있는 지구입니다.   뜨겁게 타오르는 태양이에요.   하늘에서 반짝반짝 빛나는 별이에요.   꼬리를 길게 달고 떨어져 내리는 별똥별이네요.

❸ 프로젝트 시작하기

새로운 프로젝트를 만들기 위해 ➕ 을 클릭하세요.

❹ 배경 선택하기

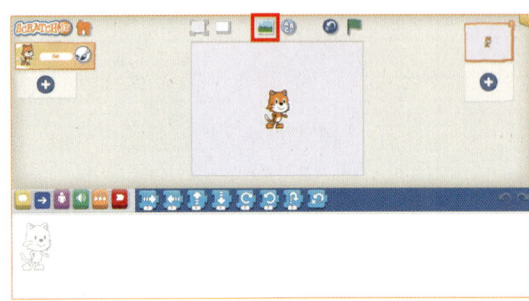

배경을 고르기 위해 🖼 을 클릭하세요.

배경 저장소가 열렸어요. 어둠이 가득한 우주(Space) ⬛ 을 선택하고 ✅ 를 클릭하세요.

❺ 캐릭터 불러오기

먼저 고양이 캐릭터를 지워주세요. 🐱 를 오랫동안 클릭한 후 ❌ 에서 ❌ 를 클릭하면 고양이가 지워져요.

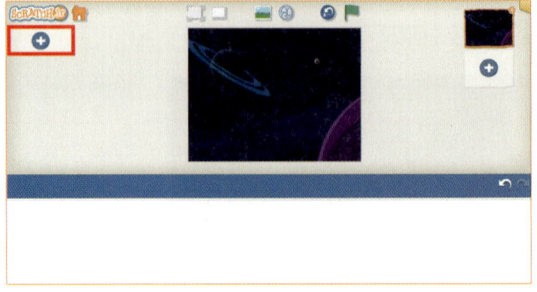

새로운 캐릭터를 추가해요. ➕ 를 클릭하세요.

캐릭터 저장소에서 지구 🌍 를 찾아서 클릭하세요. ✅ 를 클릭하세요.

같은 방법으로 태양 ☀ 과 별 ✦ , 별똥별 — 을 추가해주세요. 모든 캐릭터가 추가되었어요.

STEP 3. 코딩하기

❶ 캐릭터 크기 줄이기

캐릭터가 클 경우 🔽 을 사용해 캐릭터의 크기를 작게 해주세요. 반대로 크기가 작으면 🔽 을 사용해 크기를 크게 할 수 있어요.

지구의 크기가 조금 작게 변했어요.

❷ 캐릭터 시작위치 정하기

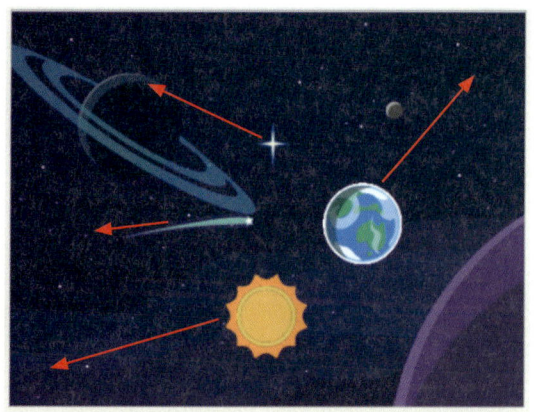 

캐릭터를 시작위치로 이동시켜주세요. 캐릭터를 클릭한 후 드래그하면 위치를 옮길 수 있어요.

지구와 태양은 구석으로, 별은 위쪽으로, 별똥별은 가운데로 옮겼어요.

❸ 지구 코딩하기

먼저 🌍를 클릭해 지구 ⚪가 선택된 것을 확인해요.

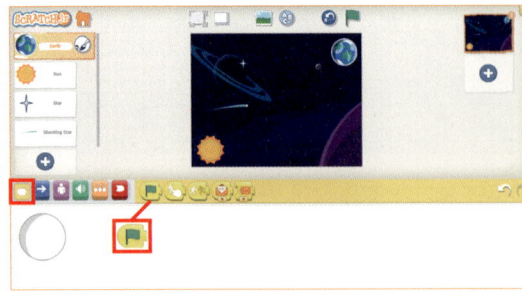

🚩을 드래그해서 아래쪽으로 옮겨오세요.

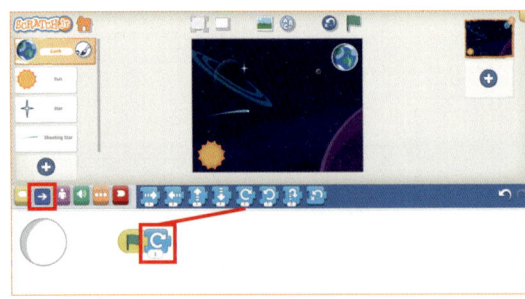

지구가 시계방향으로 회전할 수 있도록 🚩의 오른쪽에 🔄을 연결하세요.

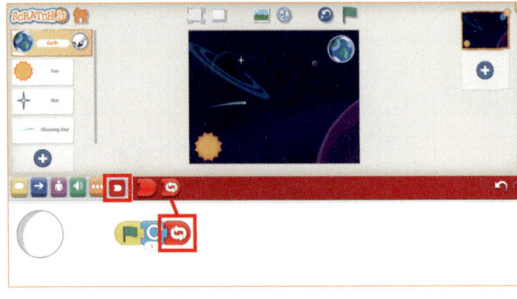

지구가 시계방향으로 회전하는 것을 끊임없이 반복하도록 🔄 다음에 🔁을 연결하세요. 지구의 코딩이 끝났어요.

❹ 태양 코딩하기

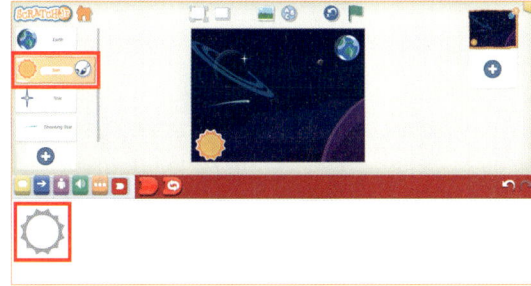

먼저 ![Sun] 를 클릭해 태양 ⚙ 이 선택된 것을 확인해요.

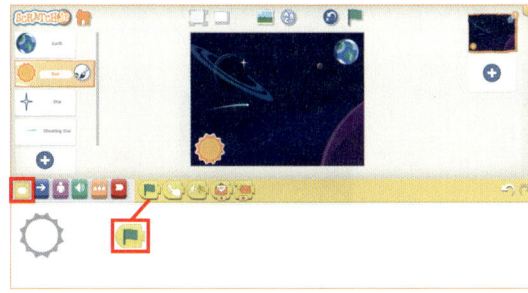

🏁 을 드래그해서 아래쪽으로 옮겨오세요.

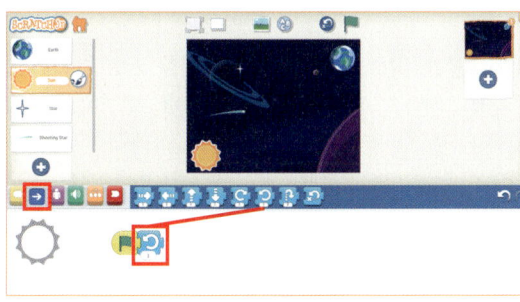

태양이 반시계방향으로 회전하도록 🏁 의 오른쪽에 🔄 을 연결하세요.

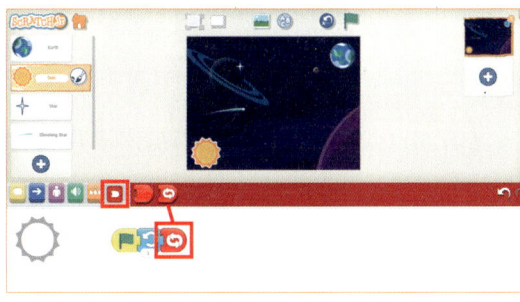

태양이 반시계방향으로 회전하는 것을 끊임없이 반복하도록 🔄 다음에 🔁 을 연결하세요. 태양의 코딩이 끝났어요.

❺ 별 코딩하기

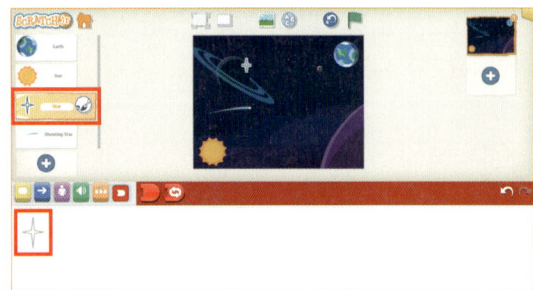

를 클릭해 별 ✦ 이 선택된 것을 확인해요.

🏳 을 드래그해서 아래쪽으로 옮겨오세요.

🏳 의 오른쪽에 블록을 연결하세요.

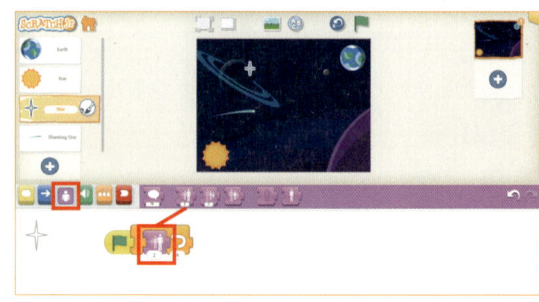

별이 반짝반짝하는 것은 별의 크기를 커졌다 작아졌다 하는 것으로 만들 수 있어요. 먼저 별이 커지게 하기 위해 블록을 빈칸에 넣으세요.

커진 만큼 작아지게 하기 위해 다시 블록을 연결해요.

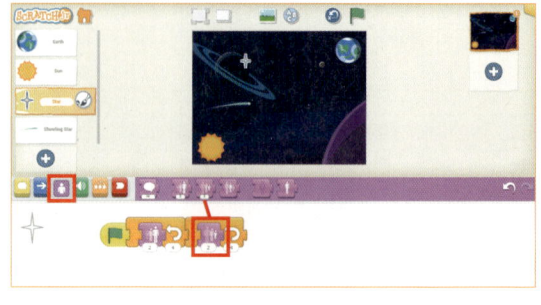

블록의 빈칸에 블록을 연결해요. 별이 커졌다가 똑같은 크기만큼 작아지네요.

별이 계속해서 크기를 바꿀 수 있도록 마지막에 🔁 을 연결하세요. 별 코딩 끝!

⑥ 별똥별 코딩하기

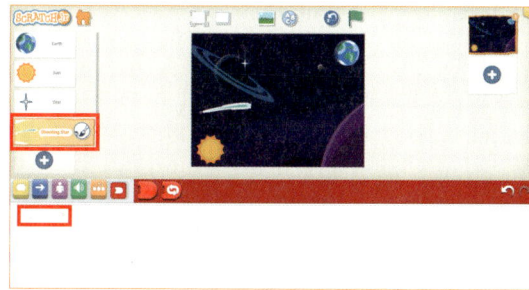

를 클릭해 별 이 선택된 것을 확인해요.

을 드래그해서 아래쪽으로 옮겨오세요.

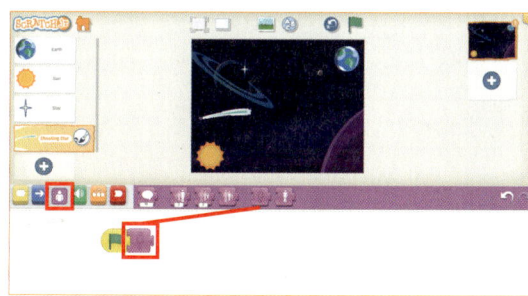

별똥별은 처음에는 보이지 않다가 나중에 나타나요. 처음에 보이지 않도록 하기 위해 의 오른쪽에 을 연결하세요.

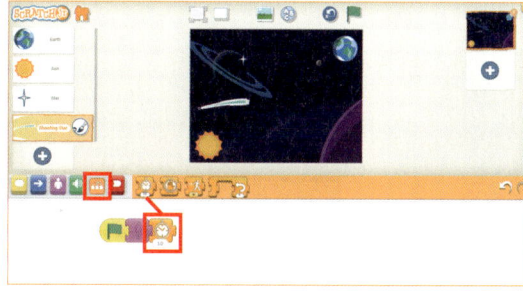

별똥별은 보이지 않는 상태에서 잠시 기다려야 해요. 다음에 기다리기 위한 을 연결해요.

보이지 않던 별똥별이 갑자기 나타나기 위해 을 연결해요.

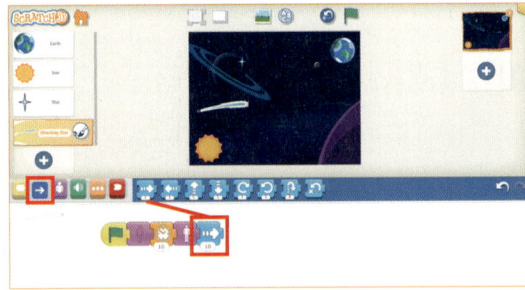

다시 나타난 별똥별이 오른쪽으로 움직이도록 을 연결해요. 아래 숫자를 1에서 10으로 바꿔주세요. 이 으로 바뀌었어요.

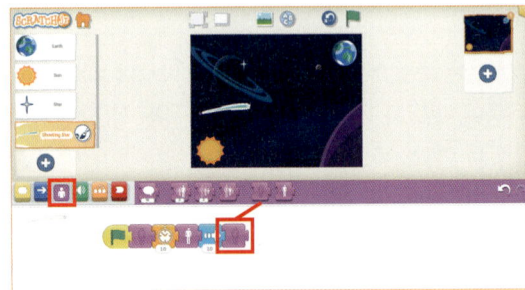

별똥별이 오른쪽으로 이동한 후에 다시 사라지도록 해주세요. 을 연결하면 별똥별이 사라져요.

마지막에는 을 연결하세요. 모든 캐릭터의 코딩이 끝났어요.

7 프로젝트 완성

STEP 5. 더 해보기

더 해보기 미션! ·· 별똥별이 계속해서 나타났다 사라졌다 하도록 하세요.

별똥별이 계속 떨어지기 위해서는 반복이 필요해요. 끊임없이 계속해서 반복하려면 🔄 이 필요해요. 하지만 🔄 을 연결하기 전에 별똥별을 원래 위치로 옮겨줘야겠네요. 🔙 을 연결해서 다시 왼쪽으로 이동한 후 반복하도록 해주세요.

Work Book : UNIT 11

별똥별이 떨어져요 – 미션! 우주에서 별똥별이 날아가도록 하세요 –

결과 미리보기

배경과 캐릭터

코딩하기

더 해보기

더 해보기 미션!
별똥별이 계속해서 나타났다 사라졌다 하도록 하세요.

블록 모음

(블록을 오려서 실제로 결합해보세요)

MEMO

Unit 12

성을 공격해요

미션! 용의 회오리 바람으로 성을 공격해요

STEP 1. 결과 미리보기

어둠이 찾아온 숲속, 오른쪽에는 성이 있고, 왼쪽에는 용이 있어요.

용을 클릭하면 회오리바람이 나타나서 성을 공격해요.

회오리바람의 공격을 받은 성은 흔들흔들해요.

STEP 2. 배경과 캐릭터 준비하기

❶ 배경 살펴보기

어둠이 내려앉고 달빛만 조금 비추는 숲속(Woods)이 배경이네요.

❷ 캐릭터 살펴보기

성을 공격할 붉은 용이에요. 무서운 회오리바람으로 공격해요.

용이 일으키는 회오리바람입니다. 성을 흔들거리게 할 만큼 강해요.

용에게서 회오리바람 공격을 받아 흔들리게 되는 성이에요.

❸ **프로젝트 시작하기**

새로운 프로젝트를 만들기 위해 ➕ 을 클릭하세요.

❹ **배경 선택하기**

배경을 고르기 위해 🖼 을 클릭하세요.

배경 저장소가 열렸어요. 어둠이 찾아온 숲속(Woods) ⬛ 을 선택하고 ✅ 를 클릭하세요.

❺ **캐릭터 불러오기**

먼저 고양이 캐릭터를 지워주세요. 🐱Cat 를 오랫동안 클릭한 후 ❌Cat 에서 ❌를 클릭하면 고양이가 지워져요.

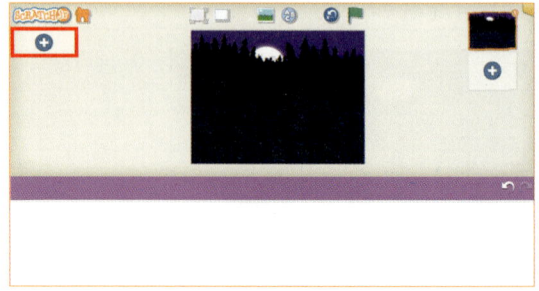

새로운 캐릭터를 추가해요. ➕ 를 클릭하세요.

캐릭터 저장소에서 용 🐉 를 찾아서 클릭하세요. ✅ 를 클릭하세요.

같은 방법으로 회오리바람 🌪 과 성 🏰 을 추가해주세요. 모든 캐릭터가 추가되었어요.

STEP 3. 코딩하기

❶ 캐릭터 크기 줄이기

캐릭터가 클 경우 ▨을 사용해 캐릭터의 크기를 작게 해주세요. 반대로 크기가 작으면 ▨을 사용해 크기를 크게 할 수 있어요. 용과 회오리바람, 성의 크기를 조금 작게 바꿔요.

모든 캐릭터의 크기가 조금씩 작아졌어요.

❷ 캐릭터 시작위치 정하기

캐릭터를 시작위치로 이동시켜주세요. 캐릭터를 클릭한 후 드래그하면 위치를 옮길 수 있어요.

용은 왼쪽으로, 성은 오른쪽으로, 회오리바람은 가운데로 옮겼어요.

❸ 용 코딩하기

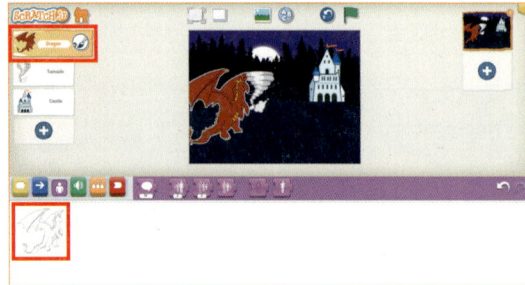

먼저 을 클릭해 용 이 선택된 것을 확인해요.

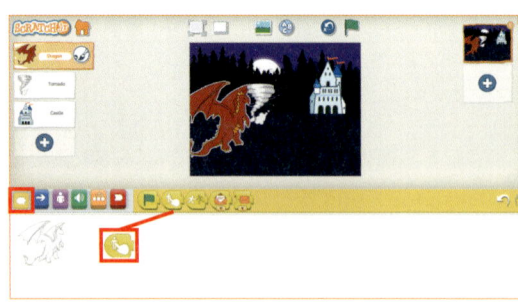

용은 클릭했을 때 회오리바람을 불러 일으켜요. 클릭하면 스크립트가 시작되도록 을 드래그해서 아래쪽으로 옮겨오세요.

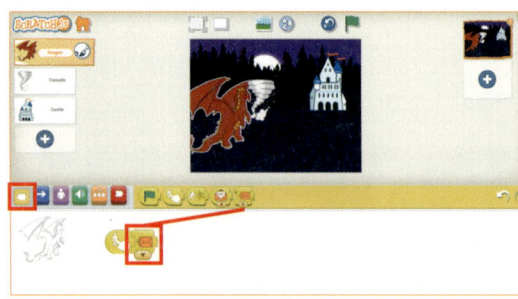

용을 클릭하면 회오리바람이 나타나 움직일 수 있도록 메시지를 보내주세요. 의 오른쪽에 메시지를 보내는 을 연결하세요.

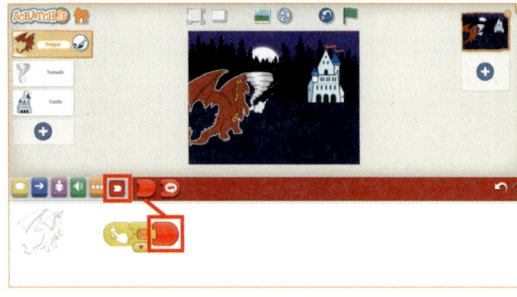

마지막에는 을 연결해요. 용의 코딩이 끝났어요.

④ 회오리바람 코딩하기

를 클릭해 회오리바람 이 선택된 것을 확인해요.

을 드래그해서 아래쪽으로 옮겨오세요.

회오리바람은 처음 시작할 때는 보이지 않아요. 의 오른쪽에 을 연결하세요. 끝에는 을 연결해요.

용을 클릭했을 때 보낸 메시지를 받기 위해서 을 드래그해 옮겨놓아요.

메시지를 받으면 숨어 있던 회오리바람이 화면에 나타나도록 을 연결해요. 나타난 회오리바람이 오른쪽으로 움직여요. 을 연결하고 숫자 1을 5로 바꿔요. 이 으로 바뀌었어요.

성이 있는 곳까지 날아간 회오리바람은 다시 보이지 않도록 을 연결해요. 회오리바람이 보이지 않는 상태에서 다시 원래 위치로 돌아오도록 해주세요. 을 연결하고, 숫자 1을 5로 바꿔요. 이 으로 바뀌었어요.

마지막에 을 연결하면 회오리바람 코딩이 끝났어요.

❺ 성 코딩하기

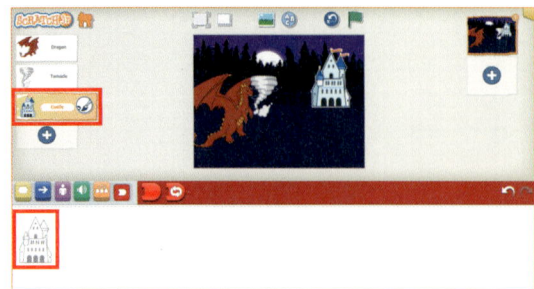

를 클릭해 성 이 선택된 것을 확인해요.

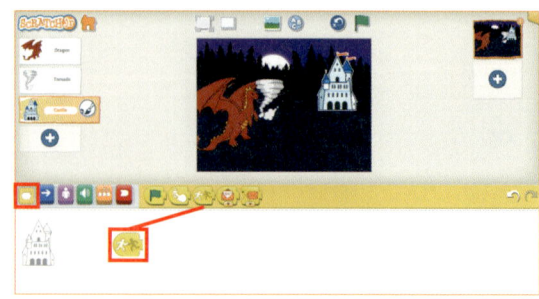

성은 회오리바람과 닿으면 흔들려요. 회오리바람과 닿았을 때 스크립트를 실행하기 위해 을 드래그해서 아래쪽으로 옮겨오세요.

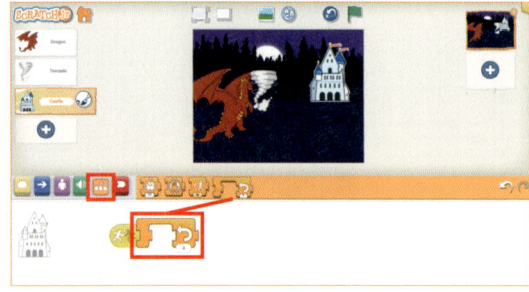

의 오른쪽에 을 연결하세요.

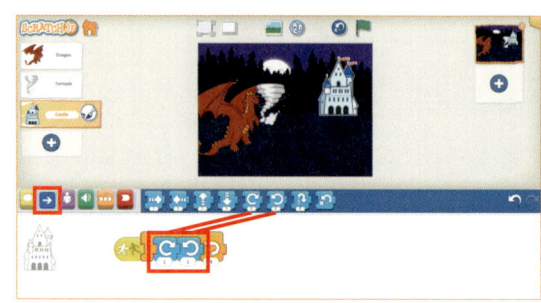

성이 오른쪽-왼쪽으로 반복해서 흔들리도록 해주세요. 의 빈칸에 과 을 차례로 넣으세요.

마지막은 을 연결해요. 모든 캐릭터의 코딩이 끝났어요.

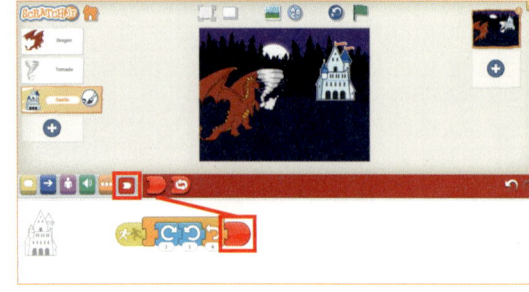

❼ 프로젝트 완성

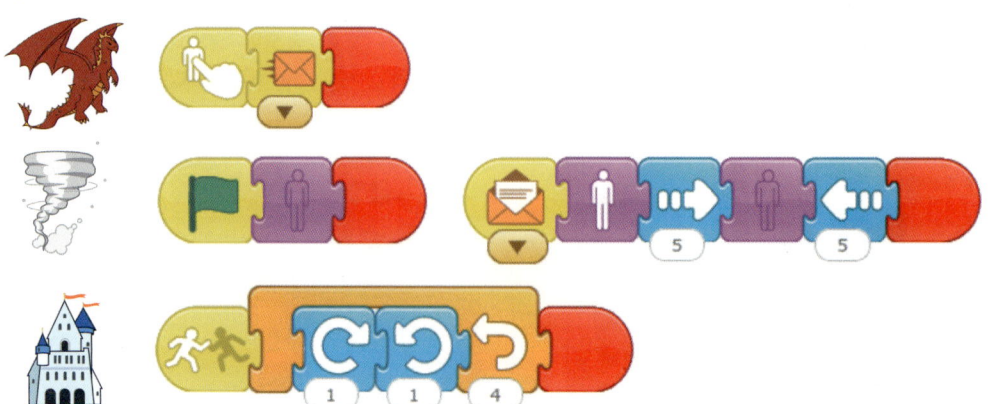

STEP 5. 더 해보기

> 더 해보기 미션! 성이 회오리바람의 공격을 당한 후
> 빙글빙글 돌면서 소리가 나고 나중에는 사라지도록 해요.

성이 회오리바람의 공격을 받으면 흔들거리고 난 후 메시지를 보내 빙글빙글 돌기와 소리내기 2가지가 동시에 이루어지도록 해요.

메시지를 받으면 빙글빙글 돌다가 사라지는 부분의 스크립트입니다.

다른 한쪽에서도 메시지를 받아 소리가 나도록 했어요.

> 하나의 캐릭터가 2가지 동작을 동시에 해야 할 경우가 있어요. 이때 메시지 보내기-받기를 활용하면 2개의 스크립트가 동시에 실행되도록 할 수 있어요.

Work Book : UNIT12

성을 공격해요 — 미션! 용의 회오리 바람으로 성을 공격해요 —

결과 미리보기

배경과 캐릭터

코딩하기

더 해보기

더 해보기 미션! ………………………………………… 성이 회오리바람의 공격을 당한 후
빙글빙글 돌면서 소리가 나고 나중에는 사라지도록 해요.

블록 모음

(블록을 오려서 실제로 결합해보세요)

MEMO

Unit 13

숨은 그림 찾기를 해요

 미션! 숨어 있는 캐릭터를 찾아 클릭하세요

STEP 1. 결과 미리보기

정글에 원숭이가 있어요. 원숭이를 클릭하면 점점 작아지면서 사라져요.

원숭이가 없어지고 꽃이 나타났어요. 꽃을 클릭하면 점점 작아지면서 사라져요.

꽃이 없어지고 버섯이 나타났어요. 버섯을 클릭하면 점점 작아지면서 사라져요.

버섯이 없어지고 풀이 나타났어요. 풀을 클릭하면 점점 작아지면서 사라져요.

STEP 2. 배경과 캐릭터 준비하기

❶ 배경 살펴보기

풀과 나무가 우거져있는 정글(Jungle)이 배경이네요.

❷ 캐릭터 살펴보기

정글을 돌아다니는 노란 원숭이네요. 원숭이는 쉽게 찾을 수 있어요.

정글에 피는 꽃입니다. 꽃을 찾기는 조금 어렵지 않을까요?

정글에는 다른 버섯도 피어있어요. 버섯을 찾기는 더 어려울 것 같아요.

가장 찾기 어려운 풀이 마지막 캐릭터입니다.

❸ 프로젝트 시작하기

새로운 프로젝트를 만들기 위해 ➕ 을 클릭하세요.

④ 배경 선택하기

배경을 고르기 위해 을 클릭하세요.

배경 저장소가 열렸어요. 정글(Jungle) 을 선택하고 를 클릭하세요.

⑤ 캐릭터 불러오기

먼저 고양이 캐릭터를 지워주세요. 를 오랫동안 클릭한 후 에서 를 클릭하면 고양이가 지워져요.

새로운 캐릭터를 추가해요. 를 클릭하세요.

캐릭터 저장소에서 원숭이 를 찾아서 클릭하세요. 를 클릭하세요.

같은 방법으로 꽃 과 버섯 , 풀 을 추가해주세요. 모든 캐릭터가 추가되었어요.

STEP 3. 코딩하기

① 캐릭터 크기 줄이기

캐릭터가 클 경우 ▦을 사용해 캐릭터의 크기를 작게 해주세요. 반대로 크기가 작으면 ▦을 사용해 크기를 크게 할 수 있어요.

② 캐릭터 시작위치 정하기

캐릭터를 시작위치로 이동시켜주세요. 캐릭터를 클릭한 후 드래그하면 위치를 옮길 수 있어요.

4개의 캐릭터를 각각 원하는 위치로 옮겨 놓았어요.

❸ 원숭이 코딩하기

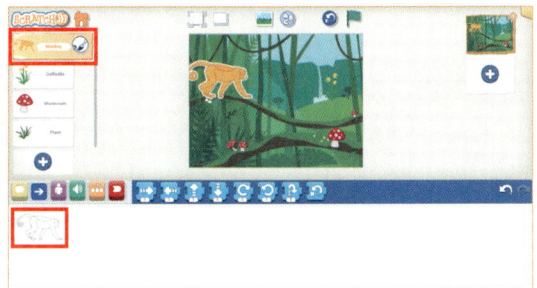
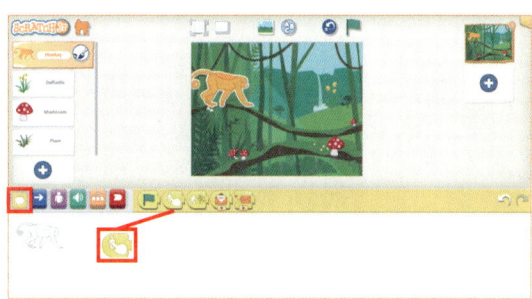

먼저 Monkey 를 클릭해 원숭이 가 선택된 것을 확인해요.

원숭이를 클릭하면 스크립트가 시작될 수 있도록 을 드래그해서 아래쪽으로 옮겨오세요.

원숭이를 클릭하면 크기가 점점 작아지도록 해주세요. 을 연결하고 빈칸에 을 넣으세요.

작아진 원숭이가 사라지도록 을 연결해요. 원숭이가 사라졌음을 꽃에게 전달하기 위해 을 연결해요.

마지막에는 을 연결해요. 원숭이의 코딩이 끝났어요.

❹ 꽃 코딩하기

를 클릭해 꽃 이 선택된 것을 확인해요.

프로젝트가 시작되면 꽃은 화면에서 보이지 않도록 해주세요. 을 차례로 연결해요.

원숭이로부터 메시지를 받으면 숨어 있던 꽃이 나타나요. 을 차례대로 연결해요.

꽃을 클릭하면 크기가 점점 작아지도록 만들어요. 과 을 연결하고, 의 빈칸에 을 넣어요.

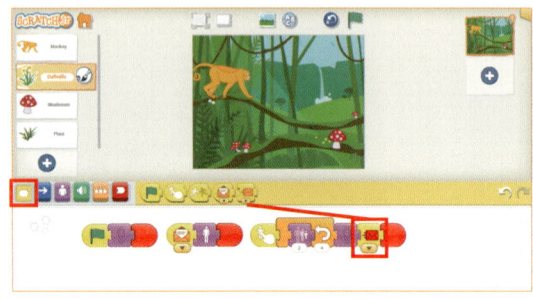

크기가 작아진 후에는 화면에서 사라지도록 을 연결해요. 다음 캐릭터인 버섯에게 메시지를 전달하기 위해 을 연결해요. 마지막은 을 연결해주세요.

5 버섯 코딩하기

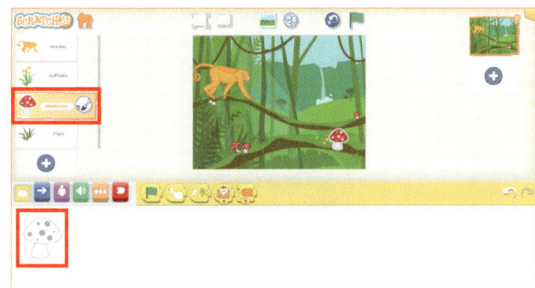

를 클릭해 버섯 이 선택된 것을 확인해요.

프로젝트가 시작되면 버섯은 화면에서 보이지 않도록 해주세요. 을 차례로 연결해요.

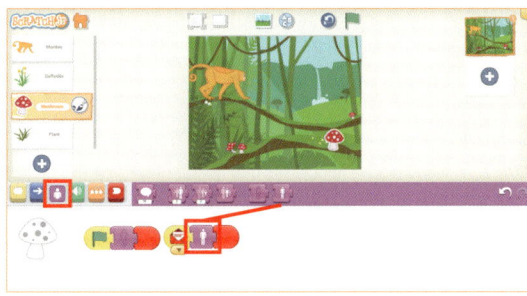

꽃으로부터 메시지를 받으면 숨어 있던 버섯이 나타나요. 을 차례대로 연결해요.

버섯을 클릭하면 크기가 점점 작아지도록 만들어요. 과 을 연결하고, 의 빈칸에 을 넣어요.

크기가 작아진 후에는 화면에서 사라지도록 을 연결해요. 다음 캐릭터인 풀에게 메시지를 전달하기 위해 을 연결해요. 마지막은 을 연결해주세요.

Chapter 04 · 185

❻ 풀 코딩하기

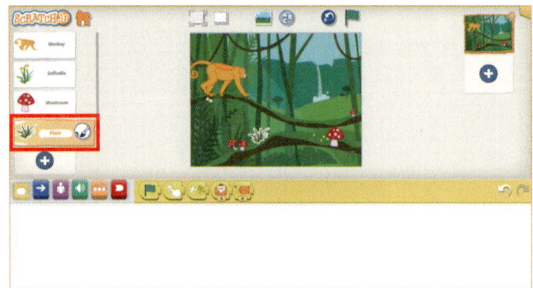

를 클릭해 풀을 선택해요.

프로젝트가 시작되면 풀은 화면에서 보이지 않도록 해주세요. 을 차례로 연결해요.

버섯으로부터 메시지를 받으면 숨어 있던 풀이 나타나요. 을 차례로 연결해요.

풀을 클릭하면 크기가 점점 작아지도록 만들어요. 과 을 연결하고, 의 빈칸에 을 넣어요.

크기가 작아진 후에는 화면에서 사라지도록 을 연결해요. 마지막은 을 연결해주세요.

7 프로젝트 완성

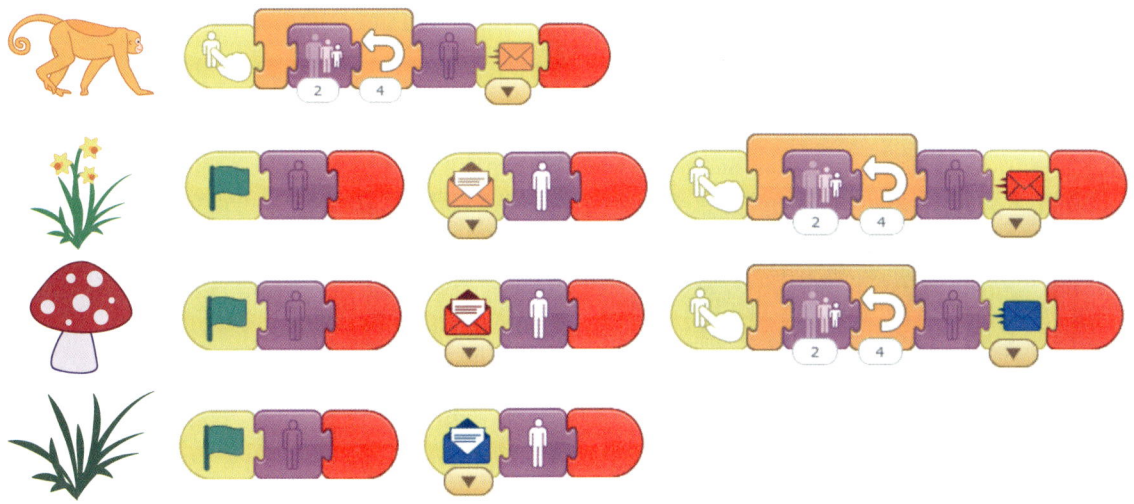

STEP 5. 더 해보기

> 더 해보기 미션! ············ 숨은 그림을 모두 찾고 나면 장면을 바꿔 다시 숨은 그림 찾기를 시작하세요.

장면을 추가하고, 풀 스크립트의 마지막에 장면 바꾸기 블록 을 연결해요. 장면이 바뀌면 앞의 장면과 동일하게 캐릭터를 추가하고 숨은그림찾기를 만들어보세요.

Work Book : UNIT13

숨은 그림 찾기를 해요 - 미션! 숨어 있는 캐릭터를 찾아 클릭하세요 -

결과 미리보기

배경과 캐릭터

코딩하기

더 해보기

더 해보기 미션! ········· 숨은 그림을 모두 찾고 나면 장면을 바꿔 다시 숨은 그림 찾기를 시작하세요.

블록 모음

(블록을 오려서 실제로 결합해보세요)

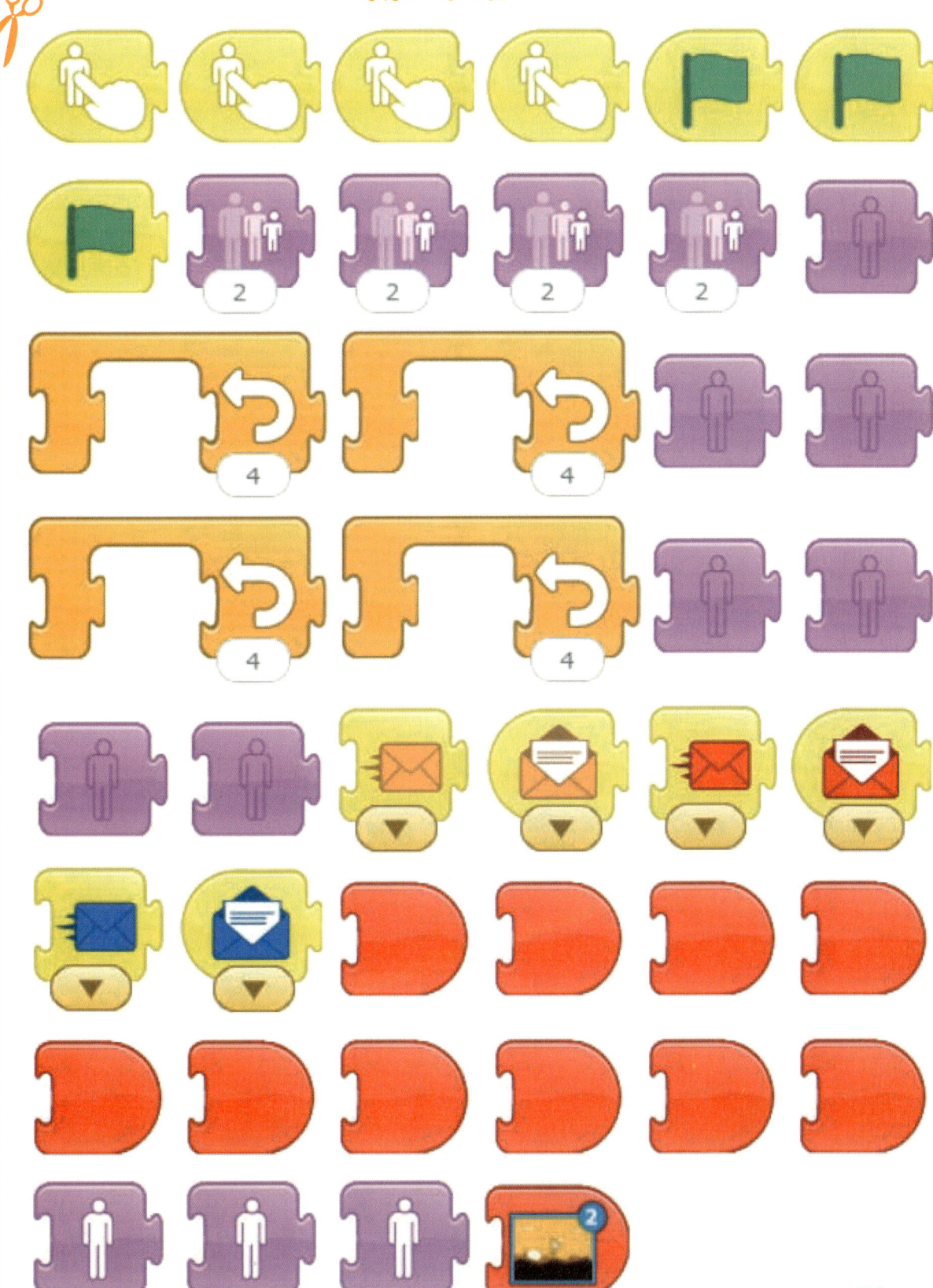

MEMO

1. 시작 블록 : 스크립트를 시작할 수 있도록 해주는 블록

❶ 초록색 깃발로 시작
초록색 깃발을 클릭하면 스크립트가 시작된다.

❷ 클릭해서 시작
캐릭터를 클릭하면 스크립트가 시작된다.

❸ 터치해서 시작
캐릭터끼리 서로 닿으면 스크립트가 시작된다.

❹ 메시지를 받아서 시작
메시지를 받으면 스크립트가 시작된다.

 6개의 메시지 중 하나를 선택할 수 있다.

❺ 메시지 보내기
메시지를 다른 스크립트에 보낸다.

 6개의 메시지 중 하나를 선택할 수 있다.

2. 동작 블록 : 캐릭터가 움직일 수 있도록 해주는 블록

❶ 오른쪽으로 이동
정해진 숫자만큼 캐릭터가 오른쪽으로 이동한다.

숫자를 클릭하면 숫자판 이 나타나고, 숫자를 수정할 수 있다.

❷ 왼쪽으로 이동
정해진 숫자만큼 캐릭터가 왼쪽으로 이동한다.

❸ 위로 이동
정해진 숫자만큼 캐릭터가 위로 이동한다.

④ 아래로 이동
정해진 숫자만큼 캐릭터가 아래로 이동한다.

⑤ 시계방향으로 회전
정해진 숫자만큼 캐릭터가 시계방향으로 회전한다.
숫자 1당 30도씩 회전한다.

⑥ 반시계방향으로 회전
정해진 숫자만큼 캐릭터가 반시계방향으로 회전한다.
숫자 1당 30도씩 회전한다.

⑦ 점프
정해진 숫자만큼 캐릭터가 점프했다 제자리로 돌아온다.

⑧ 시작 위치로 돌아가기
캐릭터가 처음 시작 위치로 돌아간다.

3. 모양 블록 : 캐릭터의 모양 변화와 관련된 블록

① 말하기
캐릭터 위에 말풍선이 나타나고 입력된 문자가 표시된다.

문자 부분을 클릭하면 문자 입력창이 나타난다.

② 크기 키우기
정해진 숫자만큼 캐릭터의 크기가 커진다.

③ 크기 줄이기
정해진 숫자만큼 캐릭터의 크기가 작아진다.

④ 원래 크기로 바꾸기
캐릭터가 원래 크기로 돌아온다.

⑤ 숨기기
캐릭터의 모습이 천천히 보이지 않는다.

❻ 보이기
캐릭터의 모습이 천천히 보인다.

4. 소리 블록 : 소리 재생과 관련된 블록

❶ 팝 재생하기
"뽁" 소리가 재생된다.

❷ 녹음된 소리 재생하기
녹음된 소리가 재생된다.

5. 제어 블록 : 스크립트의 실행 방식을 조절한다.

❶ 잠시 멈추기
정해진 숫자만큼 스크립트의 실행이 잠시 멈춘다.

❷ 멈추기
캐릭터의 모든 스크립트가 멈춘다.

❸ 속도 정하기
스크립트의 실행 속도를 정한다.

 보통, 빠르기, 매우 빠르기 3단계로 정할 수 있다.

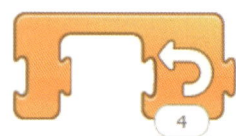
❹ 반복하기
정해진 숫자만큼 빈칸에 들어 있는 블록이 반복 실행된다.

엄마 아빠와 함께하는 난생 처음 코딩
: 스크래치 주니어

1판 1쇄 인쇄 2018년 3월 25일
1판 1쇄 발행 2018년 3월 30일

지 은 이 정덕현·최성일
발 행 인 이미옥
발 행 처 디지털북스
정   가 15,000원
등 록 일 1999년 9월 3일
등록번호 220-90-18139
주   소 (03979) 서울 마포구 성미산로 23길 72(연남동)
전화번호 (02)447-3157~8
팩스번호 (02)447-3159

ISBN 978-89-6088-225-6 (13000)
D-18-07
Copyright ⓒ 2018 Digital Books Publishing Co., Ltd